Texte
SEBASTIEN PEREZ

Bilder
BENJAMIN LACOMBE

SUPERHELDEN
DAS HANDBUCH

Verlagshaus Jacoby ⌂ Stuart

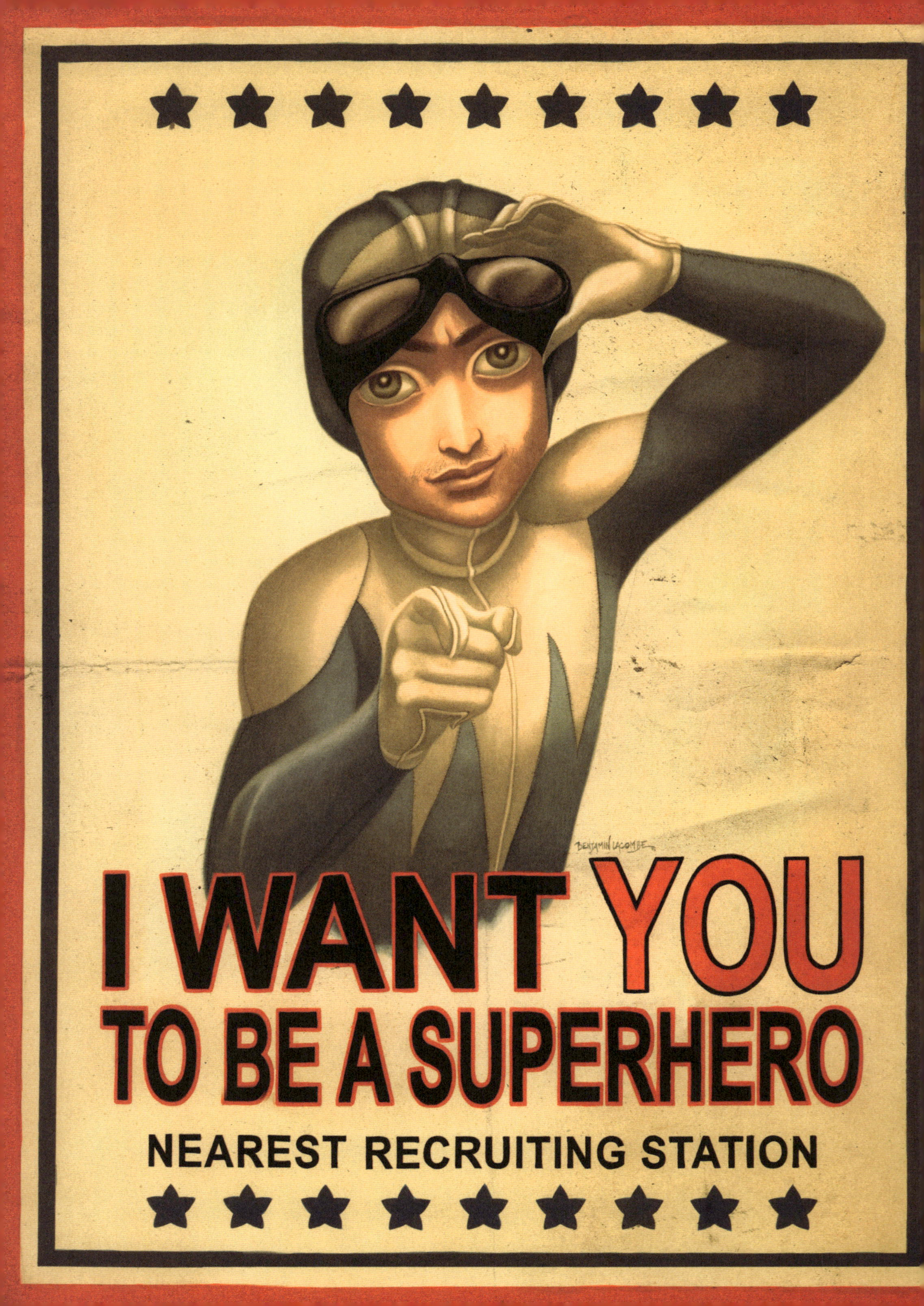

I WANT YOU
TO BE A SUPERHERO
NEAREST RECRUITING STATION

Ein Superheld zu sein, ist super! Allerdings ... als Superheld hat man keine ruhige Minute. Von Tokio bis Vancouver muss man Menschen retten, die in Not geraten sind. Man muss eine Verschwörung in der Wüste Gobi aufdecken und vom Mars zum Pluto fliegen, um die Erde vor ihrer sicheren Vernichtung zu retten.

Superheld ist **der Beruf der Zukunft!** Trotzdem sollte man nicht vergessen, dass es sich um einen äußerst schwierigen Beruf handelt. Ich mag gar nicht an die vielen Male zurückdenken, die ich mit einer Horde tobender Superschurken konfrontiert war. Oder daran, wie es war, an allen Ecken der Stadt Menschen zu retten, deren Leben an einem seidenen Faden hing.

Ich war zwölf, als ich merkte, dass ich anders als die anderen war. In dem Alter, wenn Pickel und andere kleine Unvollkommenheiten sich auf den Gesichtern bemerkbar machen, entwickelte sich mein Körper schmerzhaft. Diese Veränderungen beängstigten mich, und ich schloss mich zu Hause im Dunklen ein, in der Hoffnung, dass das bald vorübergehen würde.

Dann habe ich angefangen, ein Tagebuch zu führen, um klarer zu sehen. Dadurch habe ich mich nach und nach besser kennengelernt und eine neue, ebenso faszinierende wie gefährliche Welt entdeckt: die der Superhelden.

Heute werde ich euch in **alle unsere Geheimnisse** einweihen. Damit ihr jungen Superhelden euch mit eurem Beruf vertraut machen könnt. Experimentiert, übt, kämpft! Und vergesst diese schwachsinnigen Umhänge! Wichtig ist nur die Maske und die schreckliche Wirkung von Spinat.

Euer ergebener Diener
Phospho

SUPERHELDEN

in 12 Stichworten

UNWIDERSTEHLICH

Es ist schwer, dem umwerfenden Lächeln eines Superhelden zu widerstehen. Der Superheld ist super, und er weiß das.

UNKORRUMPIERBAR

Ein Superheld würde lieber auf der Straße schlafen als in seidener Bettwäsche, die er sich unredlich verdient hat. Es geht ihm nie ums Geld. Nichts kann ihn von seiner Mission abbringen!

SUPERKRÄFTE

Auch wenn Superhelden in der Regel mit einer ungewöhnlichen Gabe geboren werden, so ist das Superheldentum doch zuerst einmal eine Frage der Einstellung.

RETTER

Der Superheld kann wirklich stolz auf sich sein! Sein Eingreifen ist für andere oft die letzte Chance.

MILDTÄTIG

Vernünftige Mildtätigkeit fängt bei einem selbst an – außer für den Superhelden! Er gibt Leib und Seele für die gute Sache!

VORSICHT

Verlange nie von einem Superhelden, seine Maske abzunehmen. Er wird es sowieso nicht tun. Denn seine Sicherheit und die seiner Angehörigen hängt davon ab, dass seine Identität verborgen bleibt.

SELTEN

Der Anteil der Superhelden an der Weltbevölkerung ist äußerst gering. Heutzutage sind lediglich 0.00004% der Menschen Superhelden.

FURCHTLOS

Am einen Tag stellt er sich einer Bande von Gangstern den Weg, am nächsten bewahrt er ein Flugzeug, dessen Motoren ausgefallen sind, vor dem Absturz. Er hat vor nichts Angst – außer davor zu versagen!

GROSSZÜGIG

Auch wenn er nie viel Zeit hat, legt der Superheld nach jeder Heldentat großen Wert darauf, ganz in Ruhe Autogramme zu schreiben.

NÜTZLICH

Im Durchschnitt retten Superhelden jährlich 9000 Menschleben und verhindern 280.000 Raubüberfälle!

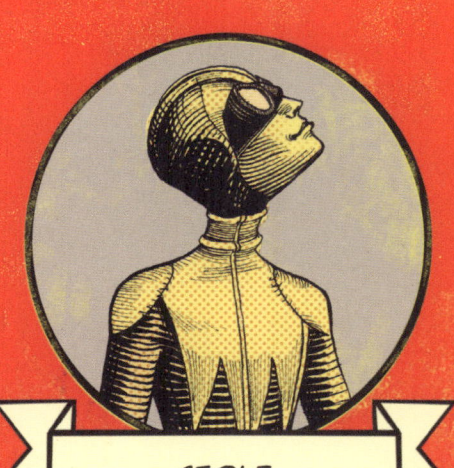

STOLZ

Nur sein Ego kommt seiner Kühnheit gleich! Beglückwünscht ihn zu jedem Sieg! Davon wird der Superheld nur noch besser!

ENTSCHLOSSEN

Sein Wahlspruch ist:
»Es gilt zu schützen und zu retten – Gefahren spielen keine Rolle!«

The Daily Gazette

CVIII. JAHRGANG, NO. 40.721 METROPOLIS, FREITAG, DEN 20. AUGUST 1988 *50 CENT*

Wolkenlos und sehr warm. Im ganzen Land sonnig, morgen und am Wochenende. Ausführlicher Wetterbericht auf S. 12

BERUFSBILD SUPERHELD

Velox, Photo P. Parker für The Daily Gazette

VELOX, SEIT ZWANZIG JAHREN SUPERSCHNELLER SUPERHELD: »Ich konnte einfach keinen anderen Beruf ergreifen. Ich war noch in den Windeln, da habe ich schon die Kinder, die die Sandkästen terrorisierten, K. o. geschlagen! Ich habe es nie ertragen können, wenn jemand Schwächere angegriffen hat. Wie man sieht, bin ich ein Superheld geworden. Aber gegen Ende eines Monats wird es immer schwierig. Damit ich meiner Leidenschaft auch weiter nachgehen kann, habe ich einen Halbtagsjob angenommen, als Kurier. Ich schaffe es, eine Pizza auszuliefern, bevor sie sich auch nur einen Grad abgekühlt hat.«

DER VOLLSTÄNDIGE ARTIKEL AUF SEITE 4!

ZEPHAL, FRÜHER BROKER, SEIT FÜNF JAHREN SUPERHELD MIT EINEM SUPERHIRN: »Natürlich ist mein Lebensstandard nicht mehr der alte! Bye, bye Loft in der Fifth Avenue und schöne Autos! Ich habe Anzug und Krawatte gegen ein hautenges Outfit eingetauscht und rette Leben, statt mit Geld zu zocken. Für mich ist es wichtig, nicht eingebildet zu werden.«

TIGERZAHN, SUPERHELD IM RUESTAND: »Er fehlt mir doch sehr, dieser Adrenalinstoß im Angesicht der Gefahr! Der Stolz darauf, Qualitätsarbeit zu leisten. Ich habe gebrüllt und dann meine Superzähne in den geschlagen, der Recht und Gesetz missachtete. Aber das ist schon lange her. Wozu bin ich in meinem Alter schon noch nütze? Soll ich etwa den Superschurken mit meinem Supergebiss in den Hintern beißen?«

The Daily Gazette

MORGENAUSGABE
Bedeckt, am Abend Wolkenauflocke-
rungen. Am Wochenende Wetterum-
schwung. Ausführlicher Wetterbericht
auf S. 12

CXV. JAHRGANG, NO. 39.439   METROPOLIS, MITTWOCH, DEN 13. FEBRUAR 1985   *50 CENT*

WATERBURG
VOR DEN FLUTEN GERETTET!

Freezer beim Einfrieren der riesigen Flutwelle während der heldenhaften Rettung der Stadt am 4. Oktober 1935

GESTERN FEIERTE WATERBURG DIE ABWENDUNG EINES DAMMBRUCHS DES ZWEI-SCHLUCHTEN-STAUDAMMS WÄHREND DES HOCHWASSERS VON 1935

Während der Zeremonie wurde Freezer vom Bürgermeister als Ausdruck der Dankbarkeit eine Ehrenmedaille verliehen. Schließlich hatte der Superheld dadurch, dass er die Flutwelle einfror, die Stadt vor dem Untergang und ihre 425 000 Einwohner vor dem Ertrinken gerettet. Er erklärte, die Medaille lasse ihn eiskalt, aber er sei glücklich, den Enkeln derer, denen er vor fünfzig Jahren begegnet sei, ins Auge sehen zu können.

DIE CHARTA DER SUPERHELDEN

Verabschiedet 1937 von der GdVS (Generalversammlung der Vereinten Superhelden)

Die Charta der Superhelden enthält einige einfache Regeln, die ein Superheld befolgen muss, wenn er als solcher anerkannt werden möchte.

EIN SUPERHELD

muss die Bevölkerung schützen und gegen Unrecht kämpfen.

darf niemals das Leben anderer gefährden.

hat die Ordnungskräfte zu unterstützen und so weit wie möglich die Gesetze zu respektieren.

muss stets einsatzbereit sein.

darf seine Superkräfte niemals zum persönlichen Vorteil einsetzen.

darf nie aufgeben.

Jede Verletzung dieser Regeln führt zum Verlust des Superhelden-Status. Bis heute ist die Charta von 3124 Superhelden unterzeichnet worden.

Der Test:
Hast du das Zeug zum Superhelden?

Nicht jeder, der es sein will, ist ein Superheld! Überprüfe, ob du für den Beruf geeignet bist!

1. Du beobachtest, wie auf der Straße einer älteren Dame die Handtasche entrissen wird.

A. Du zögerst keine Sekunde, bevor du die Verfolgung des Räubers aufnimmst.

B. Die Sache lässt dich kalt. Du beeilst dich, zu deinem Badminton-Kurs zu kommen. Der Federball wartet nicht.

C. Du nutzt die Gelegenheit, dass die Frau unter Schock steht, und nimmst ihr ihre Brosche ab, um sie deiner Oma zu schenken.

2. Im Fernsehen läuft ein Horrorfilm.

A. Du schläfst ein.

B. Du versteckst dich hinter dem Sofa, bis der Film vorbei ist.

C. Wenn es besonders spannend ist, erschrickst du deine kleine Schwester.

3. Fliegen bedeutet für dich:

A. Das effizienteste Mittel, ans Ziel zu gelangen.

B. Die Möglichkeit, den Swimmingpool deiner Nachbar(inne)n unauffällig zu beobachten.

C. Eine Methode, deine Einkünfte aufzubessern.

4. Das, worauf du am stolzesten bist, ist:

A. Eine Katastrophe gerade noch rechtzeitig verhindert zu haben.

B. Der oder die zu sein, der oder die die Welt rettet.

C. Sechs Richtige im Lotto zu haben.

5. Als du noch klein warst, was hast du in der Nacht vor Weihnachten gemacht?

A. Darüber nachgedacht, an wen du deine Geschenke weiterverschenken könntest.

B. Vor Ungeduld bis zum Morgen im Bett gestrampelt.

C. Feuer im Kamin gemacht, damit der Weihnachtsmann sich den Hintern verbrennt.

6. Welche Super-Power ist für dich die wichtigere:

A. Wunden auf der Stelle heilen zu können.

B. Eiweiß zu Eischnee verarbeiten zu können, weil du so gern Baisers magst.

C. Blei in Gold verwandeln zu können.

7. Eine Ameise geht auf deiner Picknickdecke spazieren.

A. Du verjagst sie, damit niemand sie aus Versehen zerquetscht.

B. Du verstehst nicht, wo das Problem liegt.

C. Du grillst sie mit Hilfe einer Lupe.

8. Wovon wird dir schwindlig oder sogar schlecht:

A. Spinat.

B. Litchis.

C. Rosmarin.

9. Deine Oma ruft ganz aufgeregt, ihre Katze sei verschwunden.

A. Auf der Stelle fängst du an, sie zu suchen.

B. Du könntest ihr eine neue besorgen, schlägst du deiner Oma vor.

C. Du findest das wunderbar und klopfst die Katzenhaare von deiner Kleidung.

10. Baust du Sandburgen am Strand?

A. Ja, sie werden immer größer.

B. Nein, denn du bist entmutigt, weil die Leute sie immer wieder kaputttrampeln.

C. Ja, aber du befestigst sie, in dem du unter einer dünnen Sandschicht spitze Steine versteckst.

Wenn du fast nur A angekreuzt hast, bist du bereits ein Superheld.

Wenn du hauptsächlich B angekreuzt hast, musst du noch daran arbeiten, ein Superheld zu werden.

Wenn du vor allem C angekreuzt hast, bist du vielleicht schon auf dem besten Weg, ein Superschurke zu werden.

Der Superhelden-Hype

In alten Mythen und Sagen wimmelt es nur so von Helden, die dauernd gegen irgendwen kämpfen, mit geschwellter Brust herumlaufen und sich für Halbgötter halten. Den modernen Superhelden gibt es dagegen noch nicht lange. Der älteste Superheld, auf den ich im Laufe meiner Forschungen gestoßen bin, ist Justice Man, der (Super-) Mann des Rechts (damals hat man sich noch nicht um Tarnnamen gekümmert). Er ist zur Legende geworden, und seine erste Großtat kennt jeder.

SUPERHEROMANIA

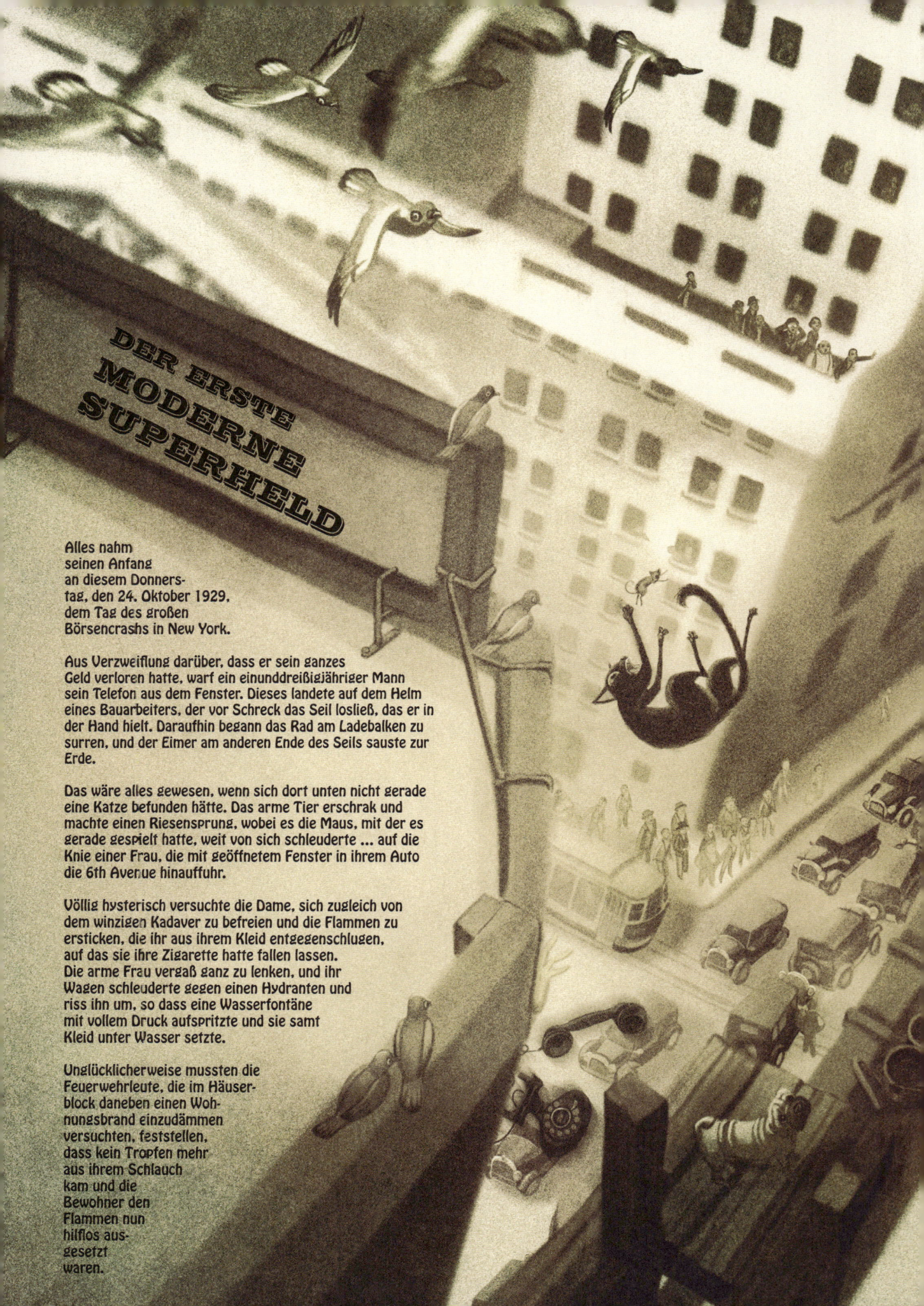

DER ERSTE MODERNE SUPERHELD

Alles nahm seinen Anfang an diesem Donnerstag, den 24. Oktober 1929, dem Tag des großen Börsencrashs in New York.

Aus Verzweiflung darüber, dass er sein ganzes Geld verloren hatte, warf ein einunddreißigjähriger Mann sein Telefon aus dem Fenster. Dieses landete auf dem Helm eines Bauarbeiters, der vor Schreck das Seil losließ, das er in der Hand hielt. Daraufhin begann das Rad am Ladebalken zu surren, und der Eimer am anderen Ende des Seils sauste zur Erde.

Das wäre alles gewesen, wenn sich dort unten nicht gerade eine Katze befunden hätte. Das arme Tier erschrak und machte einen Riesensprung, wobei es die Maus, mit der es gerade gespielt hatte, weit von sich schleuderte … auf die Knie einer Frau, die mit geöffnetem Fenster in ihrem Auto die 6th Avenue hinauffuhr.

Völlig hysterisch versuchte die Dame, sich zugleich von dem winzigen Kadaver zu befreien und die Flammen zu ersticken, die ihr aus ihrem Kleid entgegenschlugen, auf das sie ihre Zigarette hatte fallen lassen. Die arme Frau vergaß ganz zu lenken, und ihr Wagen schleuderte gegen einen Hydranten und riss ihn um, so dass eine Wasserfontäne mit vollem Druck aufspritzte und sie samt Kleid unter Wasser setzte.

Unglücklicherweise mussten die Feuerwehrleute, die im Häuserblock daneben einen Wohnungsbrand einzudämmen versuchten, feststellen, dass kein Tropfen mehr aus ihrem Schlauch kam und die Bewohner den Flammen nun hilflos ausgesetzt waren.

In diesem Augenblick tauchte Justice Man aus dem Nichts auf! Er forderte die Feuerwehrleute auf, sich zu entfernen und atmete dann supertief in seine Superlungen ein, so dass die Flammen aus Sauerstoffmangel erstickten. Mit offenen Mündern standen die Geretteten wie die Zuschauer wie versteinert da, während der Superheld so unvermittelt verschwand, wie er gekommen war. Als die erste Überraschung sich gelegt hatte, berichteten die Medien von der Großtat, und Justice Man wurde bejubelt.

Das war der Anfang seines Ruhms. Seine lange Karriere dauerte bis 1967 an. Zu diesem Zeitpunkt hatte er bereits 5672 Menschen das Leben gerettet. Justice Man hat den Weg für manch anderen Superhelden geebnet.

Aus meinem Tagebuch – 15. März 1989

... Ich hatte mich schon oft gefragt, wie Shoopy es anstellte, immer da zu sein, wenn ich ihn gerade brauchte. Heute habe ich es begriffen, nachdem er vor meinen Augen einfach verschwunden ist. Ich wusste ja schon, dass er ein ungewöhnlicher Hund ist, aber die Vorstellung, dass er sich teleportieren kann ...

Dort, wo er eben noch gewesen war, erhob sich brauner Rauch, der nach Gulasch roch. Ich habe dann überall nach ihm gesucht, im Garten und im Haus. Keine Spur! Zuerst machte ich mir Sorgen, denn ich stellte mir vor, er sei entführt oder erschlagen worden.

Aber dann kam mein Bruder zur Tür hinein, mit einem zerrissenem Hemdsärmel und einem blauen Auge. Shoopy folgte ihm als Leibwächter, mit stolzem Gang und erhobenem Haupt. Da habe ich verstanden. Shoopy hatte sein kleines Herrchen aus einer schwierigen Lage befreit, indem er sich zu ihm teleportierte!

Minutenlang habe ich versucht, mit Shoopy zu sprechen, denn ich wollte wissen, ob er womöglich auch dazu fähig sei. Aber nein, er blieb stumm und leckte mir bloß die Hand.

Mein Bruder berichtete mir, dass Shoopy aus dem Nichts aufgetaucht war und sich in die Waden von Bob und Frank verbissen hatte, den beiden Idioten aus der Schule, die versucht hatten, von ihm Schutzgeld zu erpressen. Anscheinend haben sie soviel Schiss bekommen wie noch nie in ihrem Leben.

Ich hatte mir vorgestellt, mein Bruder sei vielleicht wie ich. Dass auch er Superkräfte hätte, aber nicht darüber reden wollte. Nach diesem Vorfall wusste ich, dass er keine hat, sonst hätte er seine Bedränger ja selbst zur Schnecke gemacht. Ich bin also der einzige, der anders ist.

Achtung: Daran denken, die Sache mit B. und F. zu regeln!

SUPERTIERE

LISBETH

Dank ihres Supercharmes gelingt es Lisbeth oft, die übelsten Superschurken zu bezirzen.

TANUKI–SAN

Tanuki-San hat die Kunst, sich in andere Lebewesen oder tote Gegenstände zu verwandeln, zur Perfektion gebracht.

NEVERLATE

Mit diesem Superbegleiter kann man nie zu spät kommen: Neverlate kann die Zeit anhalten.

VIRGILE

Dank seines Superhirns mit einem IQ von 452 ist Virgile ein genialer Telepath.

GAGE

Mit seinen Nüssen im Maul ist Gage ein Superschütze, der noch nie sein Ziel verfehlt hat.

PETGAZ

Mit seiner Mähne und seinen Hufen aus Feuer ist Petgaz ein intergalaktisches Superreittier.

Auch Tiere...

Superheldentum ist nicht auf Menschen beschränkt. Manche Tiere sind besonders häufig mit Superkräften ausgestattet.

In einigen seltenen Fällen hat es auch Superhunde und Superkatzen gegeben, die ihre Herrchen oder Frauchen bei ihren Superabenteuern begleiteten.

MR. FOX

Der unglaubliche Mr. Fox hat seinen Wald, dank seiner unendlichen Kunst zu bluffen, gerettet.

BALL

Mit Schallgeschwindigkeit schnellt der Ball gegen den Bauch eines jeden, der sich an seinen Artgenossen vergreifen will.

BIRDY

Normalerweise ist ein Vogel damit zufrieden, dass er fliegen kann. Birdy dagegen hat einen Schnabel wie Stahl und kann damit jede Panzerung knacken.

WOLFGANG

Wolfgang hatte die besondere Supergabe, sich am Tage in einen Menschen verwandeln zu können.

EULALIE

Wer Uhuisch versteht, kann sich auf die Vorhersagen von Eulalie verlassen.

BLACKY

Ausgestattet mit der Gabe der Allgegenwart, hat Blacky die mächtigsten Hexen begleitet.

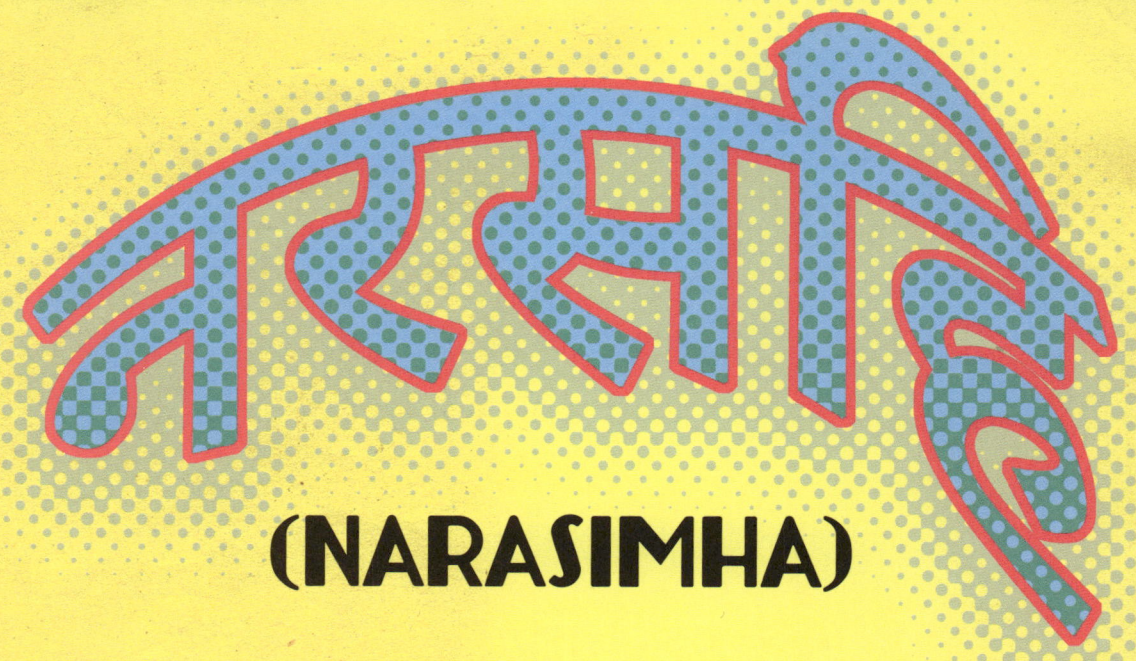

नरसिंह
(NARASIMHA)

Nara wurde an einem ganz besonderen, einem besonders farbenfrohen Tag geboren. Auf den Straßen von Bombay bewarfen sich die weißgekleideten Menschen mit grünen, orangenen, blauen oder roten Farbpigmenten, um sich Harmonie, Optimismus, Lebendigkeit, Freude und Liebe zu wünschen. Doch als dieser kleine Mensch seine ersten Schreie ausstieß, hauchte seine Mutter neben ihm ihr Leben aus. Das bewirkte, dass Nara fortan ein schreckliches Schuldgefühl mit sich herumschleppte.

Nara verbrachte eine traurige Kindheit in Waisenhäusern und Elendshütten. Er verschenkte seine spärlichen Mahlzeiten und nahm für Andere gedachte Schläge entgegen. Er war entschlossen, Gutes zu tun. Doch scheinbar genügte nichts, um die Schuld zu tilgen, die er auf sich geladen zu haben glaubte.
In seinen Träumen kämpfte er wie ein Löwe, um das Leben der Armen zu retten. Nach und nach begann Nara zu glauben, dass diese Träume die Erinnerungen an ein früheres Leben waren. Ja, so musste es sein!

In einem Alter, als schon ein Flaum auf seiner Oberlippe spross, bekam er die Chance seines Lebens.
In der Abenddämmerung überholte ihn mit großer Geschwindigkeit ein Lieferwagen, der am Ende einer Gasse anhielt. Dort hatten sich vier Kinder, Straßenkinder wie er selbst, zum Schlafen hingelegt. Zwei Männer sprangen aus dem Wagen und ergriffen sie, bevor sie überhaupt wussten, was geschah. Sie schrien und versuchten so sehr, sich loszureißen, dass ihnen beinahe die Arme auskugelten, aber sie konnten den Angreifern nicht entkommen.

Nara hatte davon reden hören, was mit Straßenkindern geschieht, die eingefangen werden. Da kam ihm sein letztes Curry hoch!
Leise rannte er ans Ende der Gasse, so schnell, dass seine Füße kaum die Erde berührten. Die paar Meter, die ihn noch von den Männern trennten, schrumpften zusammen, und im nächsten Augenblick schon hatte er sich auf sie gestürzt.

Jetzt sah er die Angst in ihren Augen. Und als er den Mund öffnete, um zu schreien, entfuhr ihm ein angsteinflößendes Brüllen. Die Männer ließen die Kinder los, die wegrannten, noch mehr als vor den Männern vor dem riesigen weißen Löwen, der sich vor ihnen aufrichtete. Mit einem Hieb seiner Tatze stürzte das Raubtier den Lieferwagen um und und zwang die Schurken so, Fersengeld zu geben. Als wieder Ruhe eingekehrt war, verwandelte sich Nara zurück in einen jungen Burschen und sank erschöpft zu Boden, die Stirn schweißbedeckt, aber ein Lächeln auf den Lippen. Noch nie hatte er sich so gut gefühlt. Tief in seinem Inneren hörte er eine Frauenstimme lachen. »Mama ...«, murmelte er. Er stand auf und hüllte sich in ein altes Stück Stoff, das auf dem Boden schleifte. Als er die Hauptstraße erreichte, riss ihn die tanzende Menge aus seinen Gedanken. Eine Handvoll Farbpigmente färbte sein Gesicht.

Nara nahm den Namen Narasimha an. Viele haben seinen weißen Leib aus dem Nichts auftauchen sehen. Für Kriminelle war er der Angstgegner schlechthin, und für die Waisenkinder und die Armen wurde er zur Legende.

INSPIRATION DER KÜNSTLER!

Seit einigen Jahren haben die bedeutendsten Künstler uns Superhelden als Quelle der Inspiration entdeckt. Maler, Bildhauer, Comickünstler, Filmregisseure – sie alle machen sich unser Image zunutze.

Die Künstler berichten mit ihren jeweiligen Mitteln von unseren Heldentaten: mit Gemälden, Büchern, Filmen, Figuren und anderen Produkten. Das Superheldentum wird bis zum Äußersten ausgebeutet. Manche gehen sogar so weit, dass sie neue Superhelden erfinden.

Gut so! Die mediale Decke, die sie über uns ausbreiten, hilft uns, von der Öffentlichkeit akzeptiert zu werden und in ihrem Schutz ruhig zu arbeiten. Schließlich geht es uns nicht darum, dauernd auf den Titelseiten der Zeitungen aufzutauchen. Und wenn manche Leute glauben, es gebe gar keine Superkräfte – umso besser!

EIN GESCHENK DES HIMMELS FÜR DIE WERBEBRANCHE

Geld regiert die Welt, und die Werbebranche kennt keine Skrupel, wenn es gilt, den guten Ruf der Superhelden auszuschlachten, um Geld zu verdienen. Wie oft schon habe ich auf einer riesigen Plakatwand das Bild eines Superhelden gesehen, der die Super-Waschkraft eines Waschmittels oder die Super-Power eines Energy-Drinks anpries! Hier ein paar der wirklich irrsten Werbesprüche:

Cornflakes CRASTIES

DER SUPERHELD IN DIR

Supercrema Brotaufstrich

supercrema

Man braucht Energie, um ein Superheld zu sein.

GIRI

DER KÄSE DER JUNIOR-SUPERHELDEN

EFFO

Steck einen Superhelden in den Tank!

DOSCH

MACHT DIE ARBEIT VON SUPERHELDEN

SCHNELLKOCHTOPF SILI SIMMERT SUPER-SCHNELL

SUPERKRÄFTE

Superkräfte

Die besonderen Begabungen eines Superhelden sind seine Superkräfte. Eine Haut aus Stahl zu besitzen, eine Illusion zu schaffen oder die Haare seiner Frisur so manipulieren zu können wie ein Tintenfisch seine Tentakeln – das sind die kleinen Besonderheiten, die ihn vom Standardmenschen unterscheiden.

Aber nur wenige Menschen wissen, welche Schwierigkeiten das mit sich bringt. Seine Superkräfte zu entdecken, sie zu akzeptieren und sie beherrschen zu lernen, ist gar nicht so einfach. In diesem Kapitel erkläre ich die Grundlagen der Superkräfte, ihr Wie und Warum. Du musst gut aufpassen, denn wenn du deine Superkräfte nicht beherrschst, nützen sie niemandem!

DIE KLASSIFIKATION DER SUPERKRÄFTE

Nach Professor Martin Lieber gibt es drei Kategorien von Superkräften: Physische Superkräfte (PSK), Geistige Superkräfte (GSK) und Superkräfte der Materiemanipulation (SMM).

– Bei den PSK besitzen die Muskeln eine übermenschliche Kraft.
Bizeps, Trizeps und Quadrizeps ziehen sich zusammen und dehnen sich wieder aus, und sie heben, werfen oder zertrümmern dabei unglaubliche Massen! Mehr als die Hälfte der Superhelden besitzen PSK.
Beispiele für die Anwendung von PSK: fliegen, brüllen, rennen, pusten ...

– Die GSK beruhen auf ungeheuren Fähigkeiten des Gehirns. Eine gewaltige Zahl von Neuronen erzeugen Gedanken, die sie sich einander über die Synapsen mitteilen und dabei ein Feuerwerk von Ideen abbrennen! Alles erscheint einem dann einfach und klar ...
Beispiele für die Anwendung von GSK: Telepathie, Telekinese, Superintelligenz, Hellsehen ...

– Die SMM sind etwas komplizierter. Sie beruhen auf sehr komplexen physischen Grundlagen und setzen die genaue Kenntnis der Atome voraus. Sie zusammenzusetzen, aufeinander einwirken zu lassen und umzubauen – die SMM ermöglicht es, die Materie kontrolliert zu manipulieren. Schlagt in euren Physik- und Chemiebüchern nach, um mehr zu erfahren!
Beispiele für die Anwendung von SMM: unsichtbar werden, sich verwandeln, heilen ...

Die Anatomie von Superhelden

Die meisten Superhelden sehen ganz gewöhnlich aus. Wenn sie nicht ihr Superoutfit tragen, nimmt man sie überhaupt nicht wahr. Doch in 10% der Fälle bedingen ihre Superkräfte eine einzigartige äußere Erscheinung. Am besten lernt man die Vielfalt der Superheldenformen durch die Betrachtung der Skelette kennen.

Scheinbar unakzeptable Superkräfte

In einigen seltenen Fällen sind die Superkräfte anscheinend überhaupt nicht großartig. Aber auch solche Kräfte können sich als nützlich erweisen. Der Titan Arum zum Beispiel verfügte über eine ziemlich seltsame Superkraft, nämlich die, einen pestilenzialischen Gestank zu verbreiten. Trotzdem war er der erfolgreichste Superheld seiner Zeit.

Martin Lieber und Jenny Siegel

Der am 28. Dezember 1922 in New York geborene Martin Lieber gilt als einer der größten Kenner der Superkräfte. Diese hat er exakt klassifiziert und bis heute 2135 Varianten von Superkräften katalogisiert. Als Feldforscher hat er zu Beginn seiner Karriere Superhelden aufgesucht und an Superkämpfen teilgenommen.
Er ist der Verfasser von etwa dreißig einschlägigen Untersuchungen und leitet heute das renommierte IZSKF, das Internationale Zentrum für Superkräfteforschung.

Jenny Siegel wurde am 17. Oktober 1914 in Cleveland geboren. Sie war die erste Genetikerin, die sich für Superhelden interessiert hat. Sie wuchs als das zweitjüngste von vier Geschwistern auf, und es war die scheinbare Unerklärlichkeit dessen, was mit ihrem kleinen Bruder Joshua geschah, die sie veranlasste, ihr großes Forschungsprojekt anzugehen: Superkräfte zu erklären. 1988 gelang es ihr, ein Gen zu identifizieren, das mit Superfähigkeiten zu tun hat. Dadurch warf sie ein neues Licht auf das Superheldentum, das man lange Zeit als eine Degenerationserscheinung abgetan hatte.
In Anerkennung ihres Lebenswerks erhielt sie 2002 den Super-Novelpreis – aus den Händen ihres Bruders.

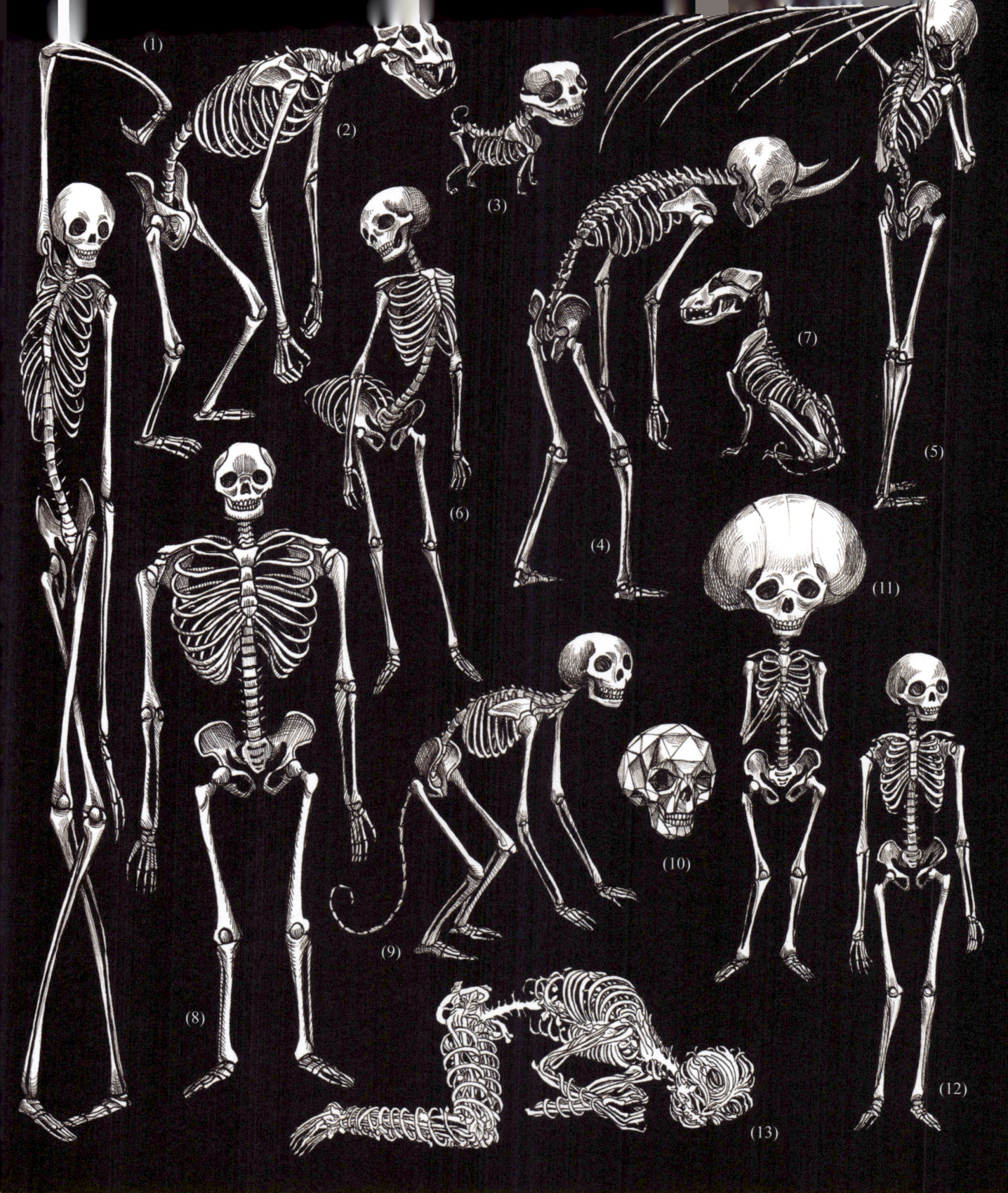

Skelette von Superhelden (10% der Superhelden weisen solche Besonderheiten auf)

(1) Rubber, der Gummi-Mensch (2) Narasimha, der Löwenmann (3) Lisbeth (4) Super-Rhino (5) Angel, der geflügelte Mensch (6) Wasp Woman (7) Virgile (8) Schmidt, der stählerne Mensch (9) Sun Wukong, der Affenmensch (10) Diamantine (11) Zephal (12) »klassischer« Mensch (13) Pflanzenmensch

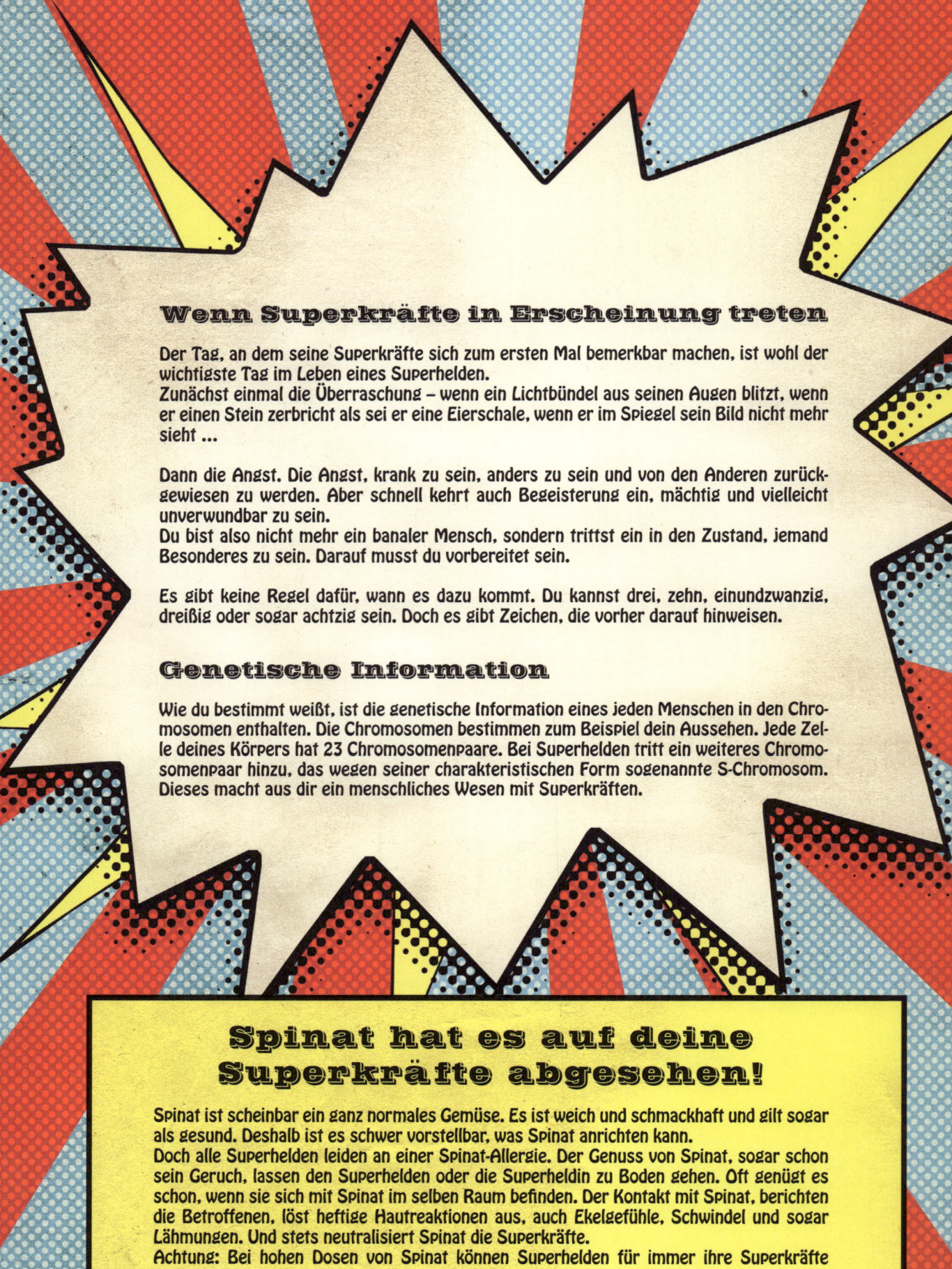

Wenn Superkräfte in Erscheinung treten

Der Tag, an dem seine Superkräfte sich zum ersten Mal bemerkbar machen, ist wohl der wichtigste Tag im Leben eines Superhelden.

Zunächst einmal die Überraschung – wenn ein Lichtbündel aus seinen Augen blitzt, wenn er einen Stein zerbricht als sei er eine Eierschale, wenn er im Spiegel sein Bild nicht mehr sieht ...

Dann die Angst. Die Angst, krank zu sein, anders zu sein und von den Anderen zurückgewiesen zu werden. Aber schnell kehrt auch Begeisterung ein, mächtig und vielleicht unverwundbar zu sein.

Du bist also nicht mehr ein banaler Mensch, sondern trittst ein in den Zustand, jemand Besonderes zu sein. Darauf musst du vorbereitet sein.

Es gibt keine Regel dafür, wann es dazu kommt. Du kannst drei, zehn, einundzwanzig, dreißig oder sogar achtzig sein. Doch es gibt Zeichen, die vorher darauf hinweisen.

Genetische Information

Wie du bestimmt weißt, ist die genetische Information eines jeden Menschen in den Chromosomen enthalten. Die Chromosomen bestimmen zum Beispiel dein Aussehen. Jede Zelle deines Körpers hat 23 Chromosomenpaare. Bei Superhelden tritt ein weiteres Chromosomenpaar hinzu, das wegen seiner charakteristischen Form sogenannte S-Chromosom. Dieses macht aus dir ein menschliches Wesen mit Superkräften.

Spinat hat es auf deine Superkräfte abgesehen!

Spinat ist scheinbar ein ganz normales Gemüse. Es ist weich und schmackhaft und gilt sogar als gesund. Deshalb ist es schwer vorstellbar, was Spinat anrichten kann.

Doch alle Superhelden leiden an einer Spinat-Allergie. Der Genuss von Spinat, sogar schon sein Geruch, lassen den Superhelden oder die Superheldin zu Boden gehen. Oft genügt es schon, wenn sie sich mit Spinat im selben Raum befinden. Der Kontakt mit Spinat, berichten die Betroffenen, löst heftige Hautreaktionen aus, auch Ekelgefühle, Schwindel und sogar Lähmungen. Und stets neutralisiert Spinat die Superkräfte.

Achtung: Bei hohen Dosen von Spinat können Superhelden für immer ihre Superkräfte verlieren!

Der junge Elektrix im Kreise seiner Familie. Er entdeckte seine Superkraft, die Erzeugung statischer Elektrizität, mit 9 Jahren.

DER TEST: WELCHE SUPERKRÄFTE HAST DU?

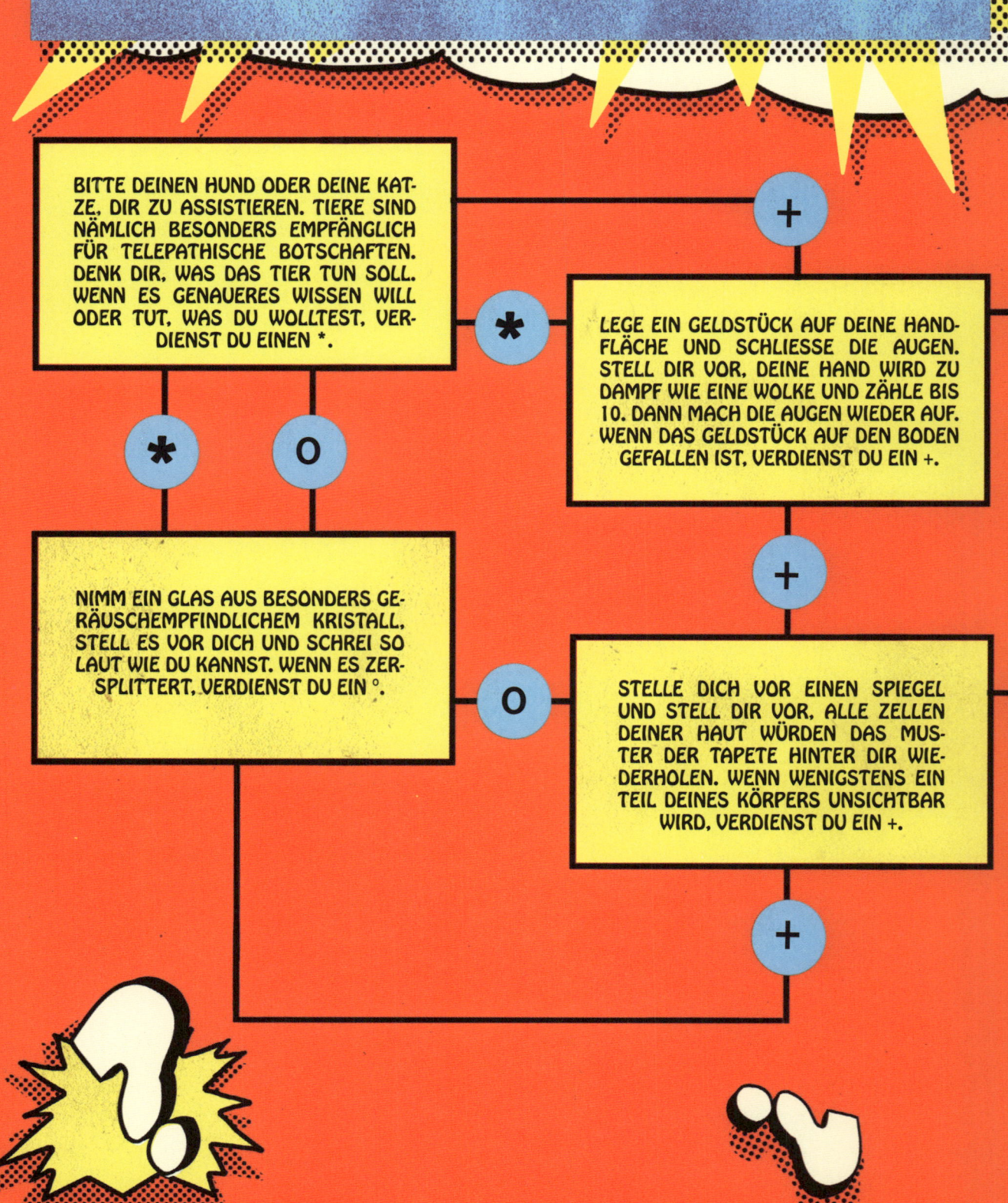

BITTE DEINEN HUND ODER DEINE KATZE, DIR ZU ASSISTIEREN. TIERE SIND NÄMLICH BESONDERS EMPFÄNGLICH FÜR TELEPATHISCHE BOTSCHAFTEN. DENK DIR, WAS DAS TIER TUN SOLL. WENN ES GENAUERES WISSEN WILL ODER TUT, WAS DU WOLLTEST, VERDIENST DU EINEN *.

LEGE EIN GELDSTÜCK AUF DEINE HANDFLÄCHE UND SCHLIESSE DIE AUGEN. STELL DIR VOR, DEINE HAND WIRD ZU DAMPF WIE EINE WOLKE UND ZÄHLE BIS 10. DANN MACH DIE AUGEN WIEDER AUF. WENN DAS GELDSTÜCK AUF DEN BODEN GEFALLEN IST, VERDIENST DU EIN +.

NIMM EIN GLAS AUS BESONDERS GERÄUSCHEMPFINDLICHEM KRISTALL, STELL ES VOR DICH UND SCHREI SO LAUT WIE DU KANNST. WENN ES ZERSPLITTERT, VERDIENST DU EIN °.

STELLE DICH VOR EINEN SPIEGEL UND STELL DIR VOR, ALLE ZELLEN DEINER HAUT WÜRDEN DAS MUSTER DER TAPETE HINTER DIR WIEDERHOLEN. WENN WENIGSTENS EIN TEIL DEINES KÖRPERS UNSICHTBAR WIRD, VERDIENST DU EIN +.

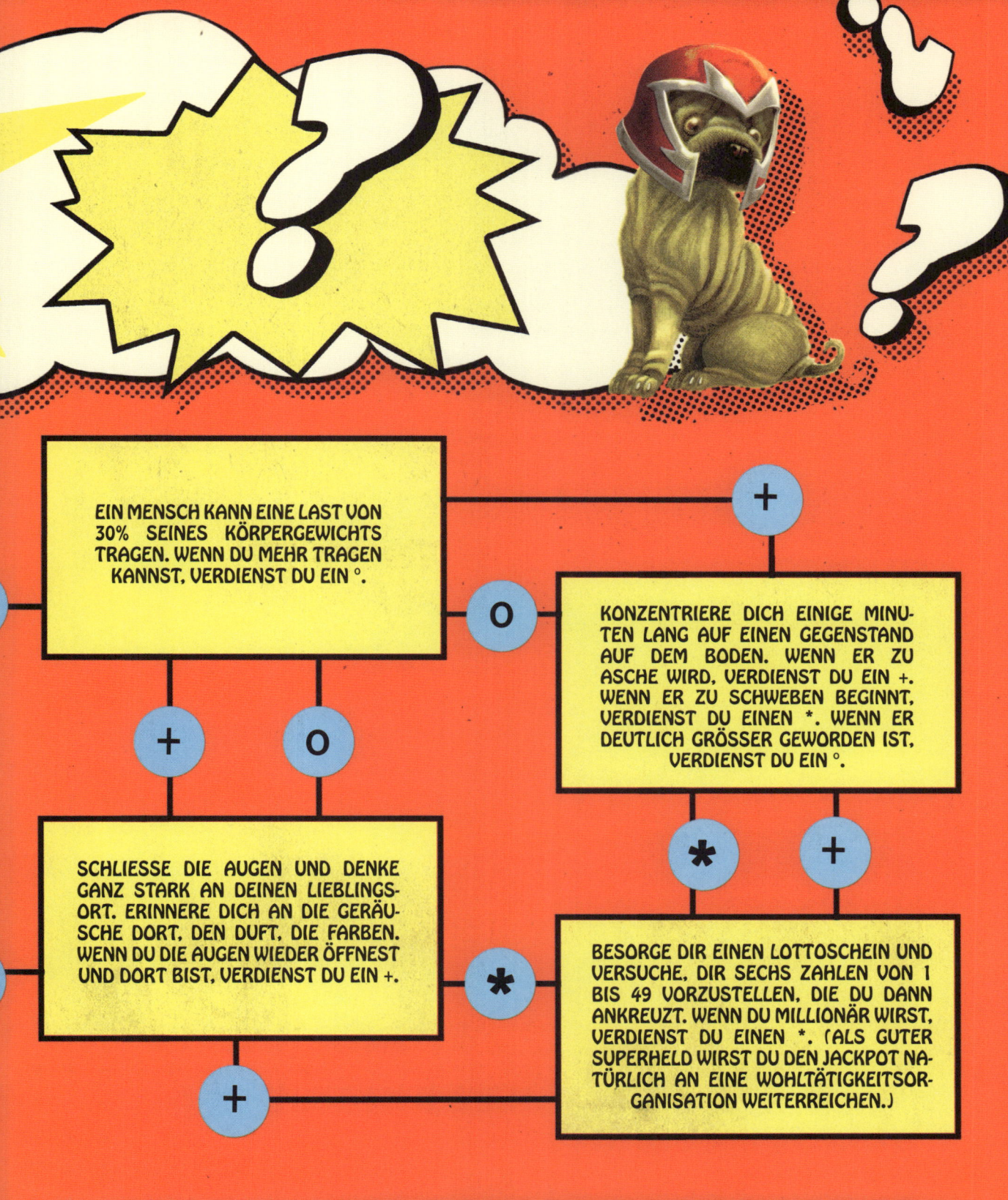

EIN MENSCH KANN EINE LAST VON 30% SEINES KÖRPERGEWICHTS TRAGEN. WENN DU MEHR TRAGEN KANNST, VERDIENST DU EIN °.

KONZENTRIERE DICH EINIGE MINUTEN LANG AUF EINEN GEGENSTAND AUF DEM BODEN. WENN ER ZU ASCHE WIRD, VERDIENST DU EIN +. WENN ER ZU SCHWEBEN BEGINNT, VERDIENST DU EINEN *. WENN ER DEUTLICH GRÖSSER GEWORDEN IST, VERDIENST DU EIN °.

SCHLIESSE DIE AUGEN UND DENKE GANZ STARK AN DEINEN LIEBLINGSORT. ERINNERE DICH AN DIE GERÄUSCHE DORT, DEN DUFT, DIE FARBEN. WENN DU DIE AUGEN WIEDER ÖFFNEST UND DORT BIST, VERDIENST DU EIN +.

BESORGE DIR EINEN LOTTOSCHEIN UND VERSUCHE, DIR SECHS ZAHLEN VON 1 BIS 49 VORZUSTELLEN, DIE DU DANN ANKREUZT. WENN DU MILLIONÄR WIRST, VERDIENST DU EINEN *. (ALS GUTER SUPERHELD WIRST DU DEN JACKPOT NATÜRLICH AN EINE WOHLTÄTIGKEITSORGANISATION WEITERREICHEN.)

AUSWERTUNG:

Wenn du dir hauptsächlich * verdient hast, verfügst du wahrscheinlich über GSK.
Wenn du dir hauptsächlich + verdient hast, verfügst du wahrscheinlich über PSK.
Wenn du dir hauptsächlich ° verdient hast, verfügst du wahrscheinlich über SMM.
Wenn du nichts hast, ist es vielleicht noch etwas zu früh für dich.

Achtung! Ich rate dir, vorsichtig zu sein und nicht zu viel zu riskieren. Stürze dich nicht aus dem Fenster, nur weil du denkst, deine Superkraft sei fliegen. Sondern versuch es erst einmal auf der Erde.

SALMINA

Salmina blickte auf die Hänge des Atlasgebirges, auf denen sie großgeworden war. Ihr Dorf klebte auf den ockerfarbenen Felsen wie eine Flechte an der Rinde eines Baums.
Nichts hatte sich verändert – außer den Menschen. Die Alten ihrer Kindheit waren durch die Generation der Eltern ersetzt worden, und Eltern waren jetzt die, die damals Kinder waren. Manche waren in die große Stadt gezogen, manche sind übers Meer ausgewandert, um in der Fremde ihr Glück zu suchen. Schon kurz nachdem sie fortgegangen war, hatten ihre Mutter und ihr Vater diese Welt verlassen. Das war vor zehn Jahren.

Salmina erinnerte sich an die Feste, die sie mit ihren Cousins und Cousinen gefeiert hatte, an die Festmähler, die von der Abenddämmerung bis zum Morgengrauen gedauert hatten. Doch alles war anders geworden für sie, als sie heranwuchs. Als ihre Superkräfte erwachten, veränderten sich die Blicke der Anderen. Sie sah die Angst in ihnen. Da war Salmina hinaus in die Wüste gewandert, da sie nicht wusste, wo sie bleiben sollte. Alleine.

Tagelang irrte sie umher. Am Tage war es schrecklich heiß, und in der Nacht entsetzlich kalt. Und der Hunger folterte sie. Nach einer Woche sank sie entkräftet auf die Knie und verlor das Bewusstsein. Doch wie in einem letzten Aufbäumen strahlte ihr Körper eine derartige Hitze aus, dass der Sand in einem Umkreis von zwei Metern zu Glas schmolz.

Als sie, noch kaum bei Besinnung, die Augen wieder öffnete, sah sie sich von Dorfbewohnern umgeben, die in große blaue Tücher gehüllt waren. Die Männer standen wie gebannt da, während die Frauen sich ihr mit Getränken und Früchten näherten, auf Knien rutschend und mit gesenktem Blick. Salmina trank und schlang die Speisen hinunter. Dann brachte man sie in ein Zelt, und sie schlief ein.

Als sie wieder erwachte, entdeckte sie, dass das Dorf der Menschen, die sie gerettet hatten, völlig verelendet war. Die Kinder waren mager und schmutzig, und die Gesichter der Erwachenen traurig und von Armut gezeichnet. Ihre Haut war so vertrocknet wie die Felder. Salmina wusste, dass sie die Superkraft besaß, ihnen zu helfen. Sie hatte sie bereits erprobt. Sie erhob sich in die Lüfte und schwebte lange über den Feldern. Langsam bildete sich um sie herum ein Nebel aus Dampf, der dichter wurde und schließlich als Regen auf den ausgedörrten Boden fiel. Ohne zu wissen, wie sie das anstellte, hatte sie den hohen Wasserstoffgehalt ihres Körpers mit den Atomen der umgebenden Luft vermischt.

Salmina war so zur »Königin der Wüste« geworden. Die Furcht und die Bewunderung, die sie in den Augen der Menschen las, machten sie nur noch einsamer. Sie wusste, dass sie in Einsamkeit leben musste. An einem kaum zugänglichen Felshang baute sie sich eine Hütte aus Glas, die in der Sonne glitzerte. Von überallher kamen nun die Leute und baten sie, für Regen zu sorgen, Überschwemmungen zu trocknen und Streit zu schlichten. Die junge Frau wollte allen Gutes tun, wies niemanden zurück und vergaß darüber ihr eigenes Glück.

Doch Salmina spürte, wie ihr Körper ihrem Willen mehr und mehr entglitt, dass eine unkontrollierbare Macht von ihr Besitz ergriff. Die Zellen ihres Körpers wurden zu reiner Energie und glühten wie das Innere eines Sterns. Nichts und niemand konnte sich ihr mehr nähern. Die Felsen schmolzen unter ihren Händen, und kein Lebewesen konnte sich ihr mehr als zehn Meter nähern. Und bald wusste sie, was sie zu tun hatte.

Sie sagte den Bergen und der Wüste, die ihre Heimat gewesen waren, Lebewohl und stieg zum Himmel auf. Sie atmete immer mehr von dem Sauerstoff der Luft ein, die sie umgab, so sehr, dass die Menschen in der Umgebung Schwierigkeiten hatten zu atmen. Dann spürte die junge Frau, wie ihr Körper sich verflüssigte, während er immer noch glühte. Da atmete sie noch tiefer ein. Der Himmel verfinsterte sich, und ein gewaltiger Regen ergoss sich auf die Felsen und ließ in kürzester Zeit einen See entstehen.

Niemand hat Salmina, die Königin des Regens, jemals wiedergesehen.

Aus meinem Tagebuch – 12. August 1988

... Vor drei Tagen ist mit mir etwas Seltsames geschehen. Meine Fingernägel haben angefangen, im Dunkeln zu leuchten. So, als ob sie phosphoreszierend wären. Das hat fast eine Stunde angehalten.

Zuerst habe ich gedacht, das hätte an dem gelegen, was Annie, meine »Aufpasserin«, mir zu essen gegeben hatte. Diese komischen Muscheln, die sie mir in die Nudeln getan hat, fand ich ziemlich verdächtig.

Aber heute Morgen hat es wieder angefangen. Jedenfalls will ich Papa und Mama nicht beunruhigen, wo sie doch endlich einmal Urlaub haben. Das kann warten, bis sie zurückkommen.

Aber wenn es etwas Schlimmes ist? Vielleicht sind das ja nur die ersten Symptome? Ich habe in unserem Lexikon nachgeguckt, aber nichts darüber gefunden. Es könnte ja eine ganz seltene Krankheit sein. Ich möchte nicht sterben, ich bin doch erst zwölf!

Deshalb habe ich mir gesagt, dass ich ein Tagebuch anfangen muss, in das ich alles schreiben kann, was mir zustößt. Das wird mir helfen, alles zu verstehen und vor allem nichts zu vergessen.

Wenn ich Glück habe, kommt das nicht mehr vor ...

Aus meinem Tagebuch – 15. August 1988

... Es ist schlimmer geworden! Heute Nacht bin ich aufgewacht, weil mein Zimmer hell erleuchtet war. Es waren meine Hände! Sie leuchteten heller als eine Glühbirne. Sie waren außerdem durchsichtig, so als bestünden sie nur aus Licht. Als ich versuchte, sie gegeneinander zu pressen, sind sie einfach durch einander durchgegangen.

Mein erster Reflex war, laut zu schreien. Aber ich war geistesgegenwärtig genug, meine Hände unter der Bettdecke zu verstecken, bevor Annie schwungvoll die Tür öffnete. Ich habe ihr erklärt, dass ich nur einen Albtraum gehabt hatte, und sie ist wieder gegangen. Ein paar Minuten lang habe ich geweint, dann hatte ich die Idee, ein Foto zu machen. Ich habe den Fotoapparat mit den Füßen genommen und irgendwie auf den Auslöser gedrückt. Ohne zu wissen, ob das Bild was wird. Ich werde den Film gleich zum Entwickeln geben.

Gegen 6 Uhr morgens haben meine Hände allmählich wieder ihre normale Form angenommen. Ich bin jetzt sicher: Das wird nicht mehr aufhören. Soll ich mit Annie darüber reden? Meine Eltern kommen erst in drei Tagen zurück. Ich möchte nicht ohne sie ins Krankenhaus müssen ...

Aus meinem Tagebuch – 18. August 1988

... Heute sind meine Eltern wieder nach Hause gekommen. Ich habe ihnen noch nichts von meinem Problem erzählt. Sie sahen so glücklich aus! Seit dem 15. ist es nicht wieder vorgekommen. Aber die Fotos, die ich gemacht habe, sind der Beweis, das irgendwas nicht rund läuft. Abgesehen davon fühle ich mich aber ganz gut, und die Sache dauert ja auch nie lange. Heute Abend habe ich einen Film gesehen. Er handelte von einer ansteckenden Krankheit. Der erste betroffene Patient wurde eingeschlossen und diente den Ärzten als Versuchskaninchen. Ich möchte nicht, dass mir so was passiert ...

P.S. Wenn eines Tages jemand dies Tagebuch liest und es mich nicht mehr gibt, dann soll dieser jemand nicht denken, ich sei für eine Pandemie verantwortlich gewesen. Ich huste nie jemand anderen an, und ich wasche mir so oft wie möglich die Hände. Aber ich kann mich nicht dazu durchringen, mich den Behörden auszuliefern. Dafür habe ich zuviel Angst ...

Aus meinem Tagebuch – 19. August 1988

... Meine Hände haben wieder geleuchtet. Inzwischen spüre ich im Voraus, wann es losgehen wird. Und wenn ich mich konzentriere, kann ich auch machen, dass die Hände wieder normal sind. Das ist ermutigend! Vielleicht schaffe ich es ja, den Prozess aufzuhalten. Ich drücke mir den Daumen, solange ich das noch kann ...

Donnie und Kyte

Die Blätter der Bäume hatten ihre Lebensfreude verloren und fielen auf die feuchte Erde. Die Gäste des kleinen Cafés in Dallas versteckten sich hinter ihren Zeitungen und machten gar keinen fröhlichen Eindruck. Donnie servierte ihnen mit einem zur Grimasse erstarrten Lächeln einen Kaffee, der nach ausgekochten Socken schmeckte. Dabei war sie doch so schön wie ein Sonnentag! Das ganze Land litt unter den Folgen eines Börsencrashs, wie es zuvor noch keinen gegeben hatte. Manche Freunde der neunzehnjährigen Kellnerin hatten ihre Arbeit verloren, andere waren bereits auf der Straße gelandet.

Am Ende des Saals wartete ein Gast, den sie noch nie gesehen hatte, darauf, seine Bestellung aufzugeben. Als sie sich ihm näherte, fühlte sie sich seltsam angezogen. Als Kyte zu ihr aufblickte, durchfuhr es sie wie ein Donnerschlag! Ihr trauriges kleines Leben wurde plötzlich erleuchtet wie die schwarze Nacht durch einen Blitz. Stotternd bestellte er einen Hamburger und ein Soda. Als er ihr die Menükarte zurückgab, streifte er ihre Hand. Die Neonleuchten begannen zu flackern. Die Gäste lösten sich aus ihrer Erstarrung und hoben die Köpfe, während sich die beiden nicht aus den Augen ließen. Kyte stand auf und umschlang Donnie. Eine Welle von Elektrizität, die die Cafégäste vor Schreck den Atem anhalten ließ, umgab sie. So wie zwei chemische Elemente nur miteinander reagieren können, erwachten ihre Superkräfte nur, wenn sie zusammen waren.

Die beiden Liebenden waren unzertrennlich. Ihre Tage verbrachten sie damit, Hand in behandschuhter Hand sorglos durch die Straßen zu schlendern. Doch sehr bald schon besaßen sie keinen Cent mehr. Kyte sah Donnie an, die so schön war in ihrem abgetragenen Kleid und dachte sich, dass sie etwas besseres verdiente. Er zog sie zu einem Juweliergeschäft, in dessen Auslagen ein Diamantencollier glitzerte. Es hätte ihr so gut gestanden – aber wie sollte er es ihr schenken? Er streifte seinen Handschuh ab, dann den ihren, und als er ihre Hand ergriff, sprühten knisternd elektrische Funken. Die Lampen explodierten, und das Alarmsystem war außer Gefecht ge-

setzt. Ganz ruhig verließen Donnie und Kyte das Juweliergeschäft, das Collier um den Hals der Schönen. Niemand hatte reagieren können. Es war alles so einfach gewesen … Die junge Frau strahlte nicht weniger als Claude.

Das mit Superkräften begabte Paar begann nun, in großem Stil schöne Autos zu stehlen und Banküberfälle zu begehen. Die Presse fing an, sich für sie zu interessieren, und bald waren sie ebenso berühmt wie reich. Die Menschen, von denen so viele den Banken den Verlust ihres Vermögens zu verdanken hatten, fanden es nur richtig, dass Donnie und Kyte es ihnen heimzahlten. Doch deren Traumleben konnte sich nicht ewig so fortsetzen …

Am Tag ihres dreiundzwanzigsten Raubüberfalls nahmen die Ordnungskräfte die Herausforderung an. Als Kyte sah, wie sich ihnen dreißig bis an die Zähne bewaffnete Polizisten näherten, geriet er in Panik. Er wusste, dass seine geliebte zarte Donnie mehr wert war, als alles Geld der Welt. Der junge Mann ergriff die nackte Hand seiner Geliebten, setzte soviel Elektrizität frei, wie er konnte und feuerte auf die Gegner. Sämtliche Polizisten gingen zu Boden, die meisten waren tot. Donnie und Kyte hielten sich nun für unbesiegbar und lächelten ein böses Lächeln.

Der Blick der Leute auf Donnie und Kyte veränderte sich in dem Maße, wie das Pärchen Verbrechen an Verbrechen reihte. Die beiden machten sich aber nichts daraus, dass sie inzwischen zum Staatsfeind Nr. 1 avanciert waren, und lebten ein lustiges Leben. Eines schönen Sonnentages beschlossen sie, einen Ausflug aufs Land zu machen. Sie liehen sich ein schickes Kabriolett aus und fuhren los; Donnies Haare flatterten im Wind. Als Kyte den Wagen bei einem Waldstück am Straßenrand anhielt, hörte Donnie einen Schuss und sah, wie ihr Geliebter über dem Steuer zusammensank. Sofort berührte sie seine Haut, aber seine Superkraft war erloschen. Sie stieß einen Schrei aus, dann fiel ein zweiter Schuss …

SPEKTAKULÄRE SUPERKRÄFTE

Es gibt eine große Vielfalt von Superkräften, die ich unmöglich alle aufzählen kann. Ich werde deshalb nur auf die spektakulärsten eingehen. Zum ersten Mal und exklusiv enthülle ich hier, wie diese funktionieren.

Der sensationelle Steigflug

Wer träumt nicht davon, fliegen zu können? Frei wie ein Vogel zu sein?
Manche Superhelden haben das Glück, diese Superkraft zu besitzen.

Es gibt verschiedene Techniken das zu schaffen:

– Durch einen Super-Kraftakt. Der Superheld macht einen Sprung, der ihn solange in der Luft hält, dass er einem Flug gleichkommt.
– Durch die Veränderung der Luft. Der Superheld schafft um sich herum einen Unterdruck und warme Luftströmungen. Dadurch steigt er nach oben.
– Durch Magnetismus. Dafür muss das Superheldenoutfit aus Metall bestehen, damit es in einem magnetischen Feld schweben kann.
– Durch Rückstoß. Durch Pusten und Schreien kann der Superheld einen Rückstoß erzeugen, der ihn in die Luft bringt und dort oben hält.
– Oder einfach mittels Flügeln.

Bis heute ist Windsbraut die schnellste Superheldin. Sie bringt es bis zu Mach 20, das sind etwa 24.501 km/h, das ist fast dreimal so schnell wie ein Verkehrsflugzeug. Jenseits dieser Geschwindigkeit würde das Körpergewebe selbst eines Superhelden zerstört.

Manche Superhelden können sich noch schneller fortbewegen, mittels Teleportation oder weil ihr Körper aus Licht besteht. In weniger als einer Stunde durchqueren sie dann mehr als eine Milliarde Kilometer. Wirklich selbst für einen Superhelden atemberaubende Zahlen!

Windsbraut
(24501 km/h)

Manduca
(133 km/h)

Gepard
(110 km/h)

Einen Laserstrahl erzeugen

Ein Laser ist superkonzentriertes Licht. Ein Laserstrahl kann eine Hitze von mehreren 1000 °C erzeugen und die härtesten Materialien durchdringen. Es ist unmöglich, ihm zu entkommen, denn er breitet sich mit einer Geschwindigkeit von 300.000 km in der Sekunde aus. Nur ein Spiegel hält ihm stand und kann ihn umlenken.

Superhelden können Laser z.B. durch Superfokussierung der Netzhaut erzeugen:
Das Auge nimmt das Sonnenlicht auf, sammelt und konzentriert es wie eine Lupe, nur noch viel stärker.

Sie können Laserstrahlen auch durch die Anregung von Atomen produzieren:
Dabei kommt es zu einer phänomenalen Energieausbeute. Üblicherweise erzeugen Superhelden, die diese Fähigkeit besitzen, die Lichtenergie auf ihrer Handfläche und senden sie als Laserstrahl aus, indem sie den Arm ausstrecken.

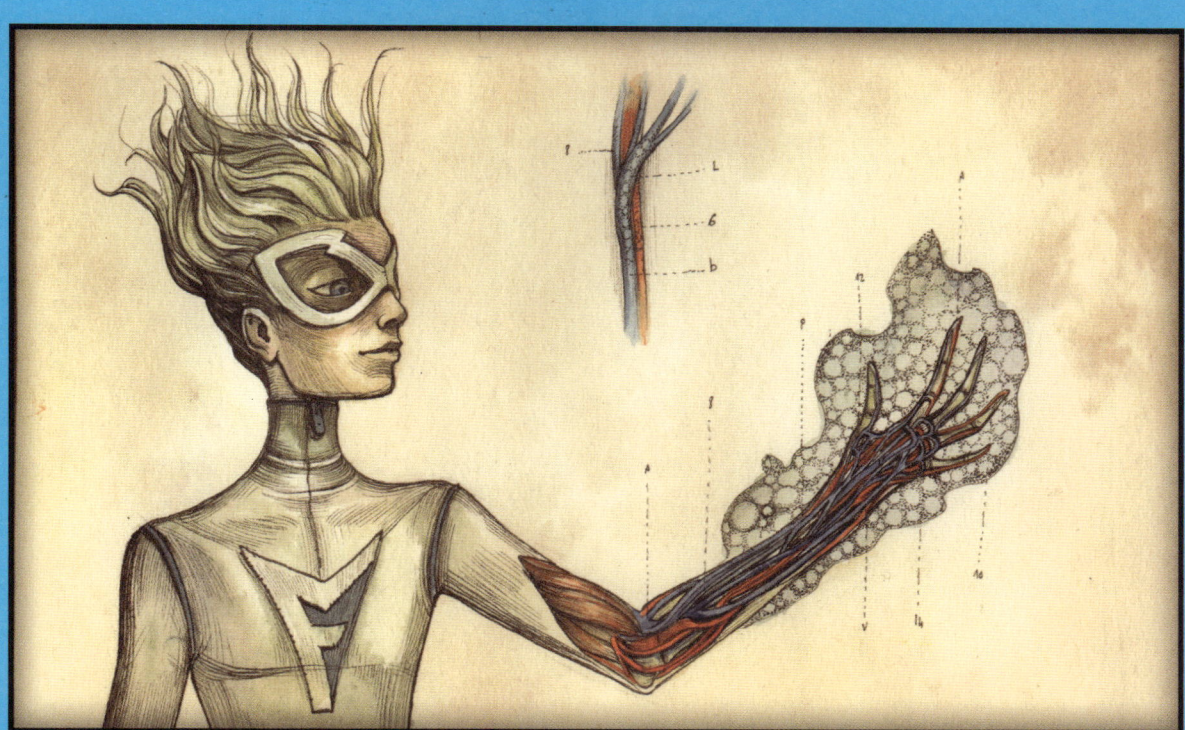

Eiskristalle erzeugen

Das ist das Mittel, mit dem der Superheld Freezer einmal einen Superschurken schockgefroren hat. Auch formt er auf diese Weise Eiszapfen, die genauso gefährlich sind wie Schwerter.

Dabei wird der in der Luft gelöste Wasserdampf bei Temperaturen unter − 39 °C gefroren. Der Superheld bedient sich dafür kälteerzeugender Mittel wie flüssigen Stickstoffs. Bei Verminderung des Drucks verdampft der Stickstoff und absorbiert dabei enorme Mengen von Wärmeenergie.

Durch die Wand gehen

Der Trick ist, die Leere zwischen den Elektronen und den Atomkernen der Atome zu nutzen, aus denen die Wand besteht. Das ist ein bisschen so, wie wenn du den Bauch einziehst, um zwischen zwei eng beieinander stehenden Tischen durchzukommen. Die Atome deines Körpers gehen denen der Wand aus dem Wege, und du gehst hindurch. Das ist allerdings nicht ganz einfach.

Teleportation

Teleportation ist eine gar nicht ungefährliche Technik. Die Atome, aus denen der Körper des Superhelden besteht, trennen sich, werden in der Atmosphäre verstreut und setzen sich an einem anderen Ort neu zusammen.

Die erste Schwierigkeit besteht darin, den Körperzellen und den Atomen, aus denen diese bestehen, präzise Anweisungen zu geben, damit sie nicht unterwegs verlorengehen. Zweitens musst du sehr genau wissen, was der Zielort ist und wie es dort aussieht. Stell dir vor, dein Körper setzt sich genau da zusammen, wo ein Möbelstück steht. Dann bist du hoffnungslos in dem Möbel verkeilt.

Teleportationen über große Entferungen sind daher riskant. Versuch es lieber mit Teleportationen in Sichtweite.

Tornados erzeugen

Für die Erzeugung von Tornados genügt es, die Natur nachzuahmen und aufsteigende Luftmassen einerseits und absteigende andererseits zu nutzen, die du durch asymmetrische Erwärmung der Luft erzeugst.

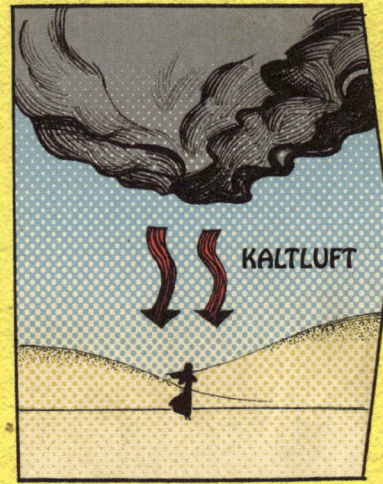 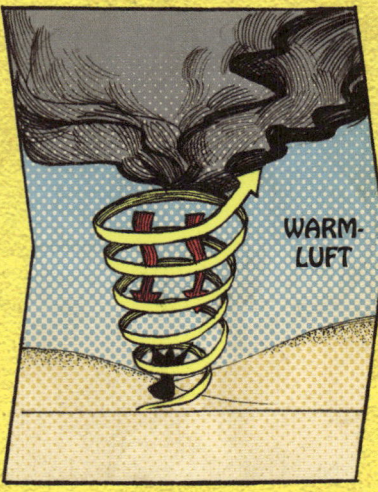 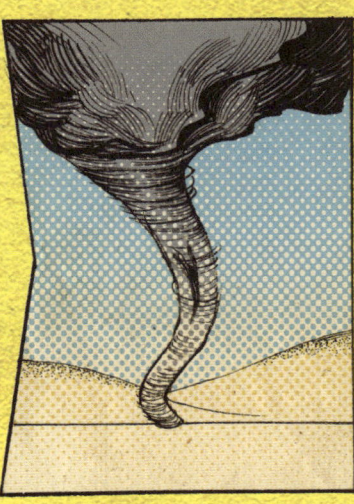

Durchzug einer Gewitterfront, die von absteigender Kaltluft begleitet wird.

Die leichtere Warmluft steigt vom Boden oder dem Meer auf und dreht sich spiralförmig um die kalte Strömung …

… wobei sie einen gewaltigen Saugrüssel erzeugt, der bis zum Boden reicht.

Gedanken lesen

Ich erinnere daran, dass das Gehirn nichts anderes ist, als ein komplexes Netz von Neuronen (mehreren Milliarden!), die über Synapsen miteinander verbunden sind. Alles ist elektrochemisch! Um die Gedanken von jemandem lesen zu können, muss man also an sein Gehirn andocken. Das ist so ähnlich, wie wenn man sich über WLAN mit dem Internet verbindet.

Der telepathisch begabte Superheld stellt also eine direkte Verbindung mit den Synapsen des anderen Gehirns her. Wenn das geschehen ist, wird aus den zwei Gehirnen praktisch ein einziges. Du musst allerdings aufpassen, dass das fremde Gehirn dabei nicht die Oberhand gewinnt!

Theoretisch kann man die Gedanken jedes Lebewesens lesen (Hund, Tiger, Nashorn …), aber man braucht doch eine gemeinsame Sprache.

Metamorphose

Der Möglichkeit nach ist es egal, in was ein Superheld sich verwandelt. Die Methode ist stets dieselbe. Das Phänomen nennt man bewegliche genetische Information. Durch die Willenskraft des Superhelden setzt sich seine DNA neu zusammen. Dadurch nimmt jede Zelle seines Körpers neue Eigenschaften an.

Aber jeder hat da seine Vorlieben. Löwe, Adler usw.

Achtung, du darfst dies nicht mit der Illusion verwechseln, die manche Superhelden in die Köpfe der Leute projizieren, damit diese sie anders sehen. Das ist eine ganz andere Superkraft.

Aus meinem Tagebuch – 15. Februar 1989

… Inzwischen kann ich leuchten, wann immer ich will. Ich muss nur ganz, ganz, ganz fest daran denken. Das ist so, wie wenn eine Neonröhre zu leuchten anfängt. Ein kleines Zittern, und das war's schon!
Und ich mache es im ganzen Zimmer nicht nur hell, ich mach es auch warm. Das ist nicht schlecht, wenn ich nach der Dusche trocken werden will. Und wenn ich es mehrmals am Tag mache, passiert es mir nicht mehr unerwartet.
Ich bin gespannt, wie es weitergeht. Wozu ist es wohl gut? …

Aus meinem Tagebuch – 1. März 1991

… Ich habe noch weitere Fortschritte gemacht. Es ist mir gelungen, diese Energie von meinem Körper zu trennen. Sie wird dann zu einem Lichtbündel, das aus meinem Zeigefinger strahlt. Es ist so heiß, dass ich damit eine Gabel durchschneiden kann. Ich frage mich, ob das nicht einfach das ist, was man Laser nennt. Wie ist das möglich? Bin ich aus Fleisch und Blut oder aus Licht gemacht? …

Aus meinem Tagebuch – 29. März 1991

… Ich bin jetzt sicher, ich bin ein Lichtwesen geworden. Ich überlege mir, was ich alles mit meinem Körper machen kann; mich unsichtbar machen, fliegen, mich ans andere Ende der Welt transportieren! Es ist einfach irre! Aber wie kann das alles funktionieren? Ich habe gehört, dass es eine Schule dafür geben soll. Vielleicht ist das die Lösung.

Aus meinem Tagebuch – 21. Oktober 1995

Ich dachte schon, meine Superkraft könnte mich nicht mehr überraschen. Und doch! Mithilfe einer neuen Frequenz ist es mir gelungen, Schwarzlicht zu erzeugen. Und das übt eine erstaunliche Wirkung auf die Dinge aus. Es enthüllt, was das klassische Licht verhüllt. Die Wirklichkeit der Dinge, ihr wahres Wesen. Ob es sich um Lebewesen oder tote Gegenstände handelt, es macht ihren eigentlichen Sinn, ihre Seele, ihre Substanz sichtbar.

SUPER VISION 3D

UND JETZT SETZ DEINE 3D-BRILLE AUF, DIE HINTEN IN DEM BUCH STECKT!

So kannst du auf den folgenden Seiten die Welt so sehen wie ich, wenn ich Schwarzlicht aussende.

ASHTANGA-
YOGA

Die Ashtanga-Kampftechnik beruht auf Gleichgewicht und Konzentration. Sie verbindet Anmut und Eleganz und ist gerade dadurch äußerst wirksam. Jede ihrer Stellungen erlaubt es dem Kämpfer, seine Vitalenergie auf einen Punkt zu konzentrieren und dadurch Superkraftfelder zu erzeugen.

(1) Sonneneruption (2) Sonnenschild (3) Sturm auf den Mond (4) Embryonalschild (5) Hahnenkampf (6) Begrenzter Gegenschlag

(7) Mit dem dicken Zeh kratzen (8) Den dicken Zeh schützen (9) Kopfschild (10) Kopfstoß (11) Das feindliche Schiff entern (12) Begrenzter Schutzschild (13) Verteidigung der Schulter (14) Biss der Schildkröte (15) Mit dem dicken Zeh kratzen (16) Gesichtsschild (17) Angriff des Bogens (18) Über dem Boden ausschlagen (19) Angriff im Schlaf (20) Schlag im Spagat (21) Heimzahl-Verteidigung (22) Lotus-Abwehrstellung

AMPHÍON UND ZETHÓS
DIE SUPERGÖTTER

Seit ihrer Jugend hatten Max und Florian dieselbe Leidenschaft: Es war die Archäologie, die sie zusammen-gebracht hatte. Sie hatten weder Frau noch Kind, manchmal aber einen Hund. Mit dreißig Jahren hatten sie schon die ganze Welt kennengelernt, immer auf der Suche nach etwas, das von der Antike geblieben war. Leider ohne großen Erfolg. Und so kam es, dass der Direktor ihres Instituts an der Universität ihnen verkün-dete, dass er ihre Arbeit nicht mehr finanzieren könne. Die beiden Freunde baten ihn inständig, ihnen eine letzte Forschungsreise in die Ebene von Theben zu genehmigen, denn sie hatten das Gefühl, dass die antike Stadt noch einige Geheimnisse barg.

Nur mit einer Öllaterne, einer Kelle und einem Pinsel ausgestattet, trafen sie voller Hoffnung an dem Ort ein, der vielleicht ihre Rettung war. Eifrig untersuchten sie erneut die Mauern, die sie schon seit Langem kannten. Und irgendwann ergriff Max plötzlich das Handgelenk seines Gefährten und zeigte auf eine Stelle in einer Felswand. Diesen engen Durchschlupf hatten sie doch noch nie erkundet! Vielleicht winkte ihnen endlich das Glück! Sie mussten die Öffnung erweitern, und von dort gelangten sie in ein Labyrinth von Gängen, durch das sie schließlich einen großen unterirdischen Raum erreichten, dessen Wände mit einem Gemälde bedeckt war. Dieser 30. April 1954 war ein Tag, den sie im Kalender anstreichen mussten!
»Beim Zeus! Das sind die Abenteuer der Halbgötter Amphíon und Zethós! Das Gemälde ist unversehrt!«, riefen sie im Chor.

Der Raum war leer und staubig. Neben dem Fresko nahmen sie nach einer Weile im Dunkeln eine kleine Truhe wahr. Mit größter Vorsicht öffneten Max und Florian den Behälter, konnten aber nicht verhindern, dass er zer-fiel. Aus dem Holzstaub schauten nun ein Paar Armschienen und eine Lyra heraus, die exakt denen glichen, mit denen die Helden auf dem Wandbild abgebildet waren.
»Woww!!« Max und Florian wussten gar nicht, was sie sagen sollten.
Ohne lange darüber nachzudenken, ergriff Max das Instrument. Eine freudige Melodie kam ihm in den Sinn, und er zupfte eine Saite, dann noch eine. Da begannen die Steine um ihn herum zu schweben und sich im Takt zu drehen.

Dadurch ermutigt, ergriff Florian die Armschienen und wischte den Staub von ihnen ab. Sie fühlten sich warm und schwer an. Der junge Mann konnte der Versuchung, sie überzustreifen, nicht widerstehen. Und kaum hatte er dies getan, fühlte er, wie eine gewaltige Kraft in seinen Körper fuhr. Er war so verwirrt, dass er tau-melte und sich an der Wand abstützte. Sogleich zersplitterte der massive Fels unter dem Druck seiner Finger. Florian staunte über seine übermenschliche Kraft, hatte aber keine Zeit, sich an ihr zu erfreuen. Überall an den Wänden erschienen Risse; die Decke der Höhle drohte einzustürzen. Florian versuchte, sie zu stützen, doch bald brachen überall die Steine heraus. Max suchte unter seinem Freund Zuflucht, dann wurden beide verschüttet.

Über der Erdoberfläche erhob sich eine dichte Staubwolke, und eine sanfte Melodie war zu hören. Als der Staub sich schließlich setzte, entsprangen Florian und Max, engumschlungen, mit einem majestätischen Satz der Erde. Dank ihrer Kühnheit waren sie nun mehr als bloße Superhelden: Sie waren zu Supergöttern geworden, zu Unsterblichen, und nahmen die Namen der Gottheiten an, deren Superkräfte auf sie übergegangen waren.

Als würdige Erben des hohen Anspruchs, den sie als Halbgötter an sich selbst gehabt hatten, leben Amphíon und Zethós heute zurückgezogen und fern von anderen Superhelden. Doch nie sträuben sich unsere gött-lichen Freunde einzugreifen, wenn es um wirklich schwierige Fälle geht.

SECHS ERSTE SCRITTE

1 EIN PSEUDONYM WÄHLEN

Es gibt keine Regel dafür, wie du das Pseudonym findest, das am besten zu dir passt. Sei originell! Du wirst mit dem Pseudonym bekannt werden, und es wird dich deine ganze Karriere hindurch begleiten.
Vor allem musst du im internationalen Pseudonymregister nachschauen, ob deines nicht schon vergeben ist.

2 EINE GEHEIME IDENTITÄT

Die musst du dir nicht zulegen. Aber es ist oft schwierig, ein ruhiges Privatleben zu haben, wenn man ein Superheld ist. Die Anonymität ist auch nützlich, um deine Angehörigen vor etwaigen Angriffen von Superschurken zu schützen. So gehst du dann unbelasteter in deine Kämpfe.

3 DIE ARBEITSWEISE

Im Team oder solo?
Teamarbeit hat einige Vorteile. Meistens hat das Team einen Mentor, der die Kräfte jedes Einzelnen bestmöglich einsetzt. Regierungen bedienen sich bei ehrgeizigen und gefährlichen Unternehmungen regelmäßig der Hilfe von Teams. Aber wenn du eher Einzelgänger bist, musst du dir darüber keine Sorgen machen; du wirst auch alleine zurechtkommen. Auf der übernächsten Doppelseite kannst du zum Beispiel von einer der zahlreichen Aufgaben lesen, die Sun Wukong alleine regelmäßig für die chinesische Regierung löst.

... SO IST DER ANFANG EIN KINDERSPIEL!

4 DAS OUTFIT

Lies im Kapitel »Das Superoutfit: mehr als ein Look – eine Waffe!« nach!

5 EIN SCHLUPFWINKEL

Superheldentaten sind anstrengend. Du brauchst deshalb einen ruhigen und sicheren Ort, wo du nicht gestört wirst. Dieser Ort muss Platz genug bieten für dein Arbeitsmaterial und für eine Ecke, in der du dich nach einem schwierigen Kampf ausruhen kannst.

6 DIE ERSTEN UNTERNEHMUNGEN

An jeder Straßenecke werden Verbrechen begangen. Es ist daher einfach, eine Aufgabe zu finden. Eine effiziente Methode ist, immer an Ort und Stelle zu sein, ganz gleich, ob du die Stadt überfliegst oder dich auf die Lauer legst. Manche Orte sind besonders kritisch: die Banken, dunkle Seitenstraßen, Juweliergeschäfte ... Hör den Polizeifunk ab, dann weißt du, wo du die Polizei unterstützen kannst!

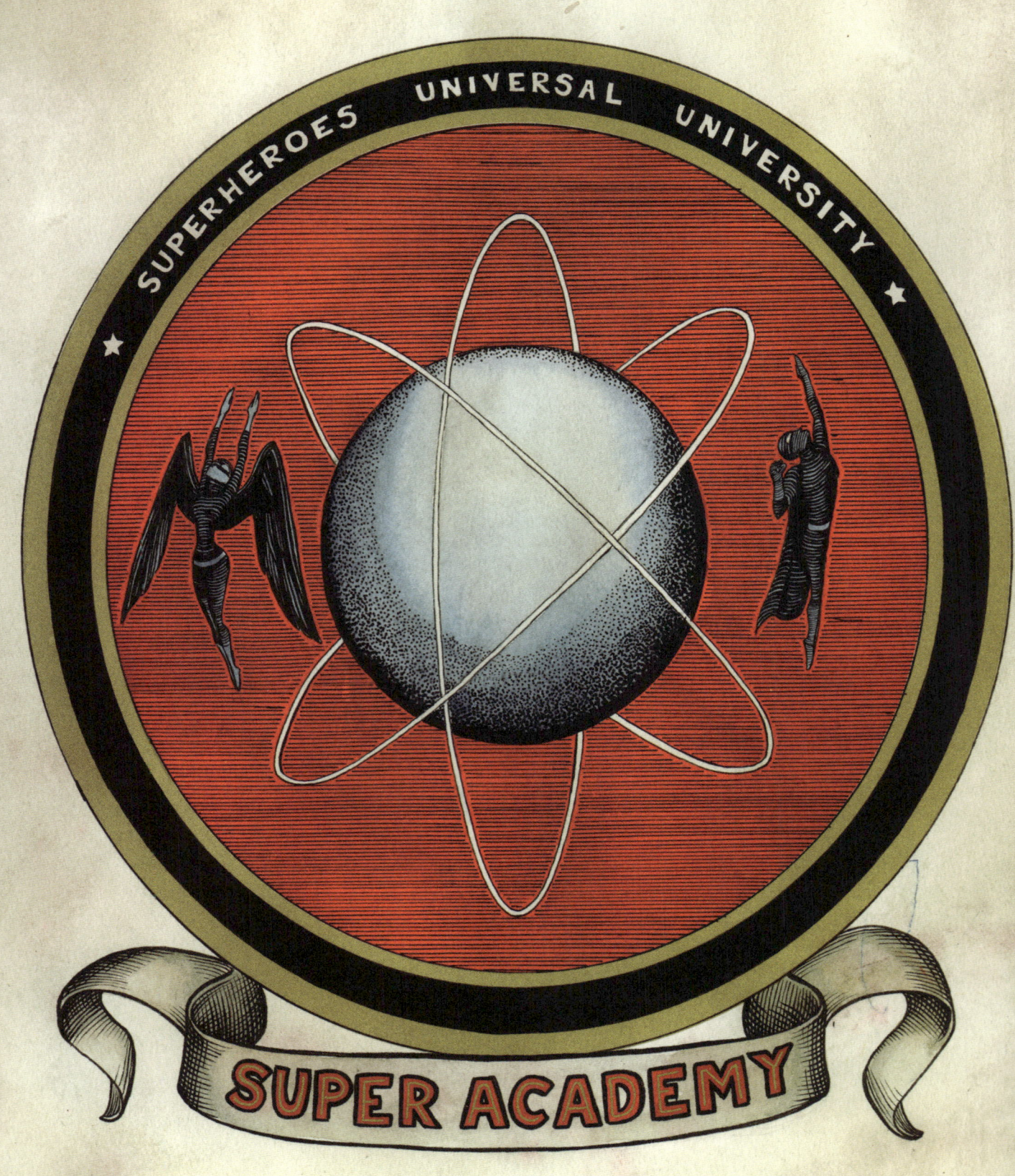

Gegründet im Jahre 1953, wird an der »Super Academy«, auch kurz die »S« genannt, das Superheldentum gelehrt und erforscht: Anwendung von Superkräften, Superheroologik und Team-Management. Bekannte Superhelden wie Elektrix oder Baku sind aus der »S« hervorgegangen.

Aus meinem Tagebuch – 25. September 1988

... Ich bin also nicht der einzige, der so ist. Das habe ich heute morgen im Radio gehört. Ein Doktor Benny Ziegel* soll bei einzelnen Menschen ein Gen entdeckt haben, das ihnen spezielle Fähigkeiten verleiht, wie unsichtbar werden oder Feueraugen haben. Er nennt das Superkräfte. Ist es also das, was ich habe – eine Superkraft?
Er hat auch gesagt, dass das keine Krankheit ist. Es bedeutet nur, anders zu sein als andere, so wie blond oder groß sein. Das sagt sich so dahin, wenn man normal ist ...

(* Anmerkung des Autors: Ich habe das damals nicht richtig verstanden. Es handelt sich um Frau Professor Jenny Siegel.)

Aus meinem Tagebuch – 26. September 1988

... soll ich darüber reden? Vielleicht kann mir irgendwer dabei helfen, diese Superkraft loszuwerden ... Was für ein Pech! Warum habe ausgerechnet ich dieses blöde S-Chromosom?
Heute morgen in der Schule habe ich zufällig gehört, worüber Paul und Sascha sich unterhalten haben. Sie fanden es cool, die Gedanken der Anderen lesen oder fliegen zu können. Ich jedenfalls weiß nicht, was cool daran sein soll, wenn man in der Nacht leuchtet, außer natürlich, dass man als Kronleuchter eingesetzt werden kann.
Außerdem bin ich misstrauisch. Es ist gut möglich, dass sie mich als Versuchskaninchen gebrauchen können. Ich habe keine Lust, mich sezieren zu lassen, damit sie herausfinden, woher das kommt. Ich bin doch kein Frosch! ...

Aus meinem Tagebuch – 27. September 1988

... Es ist noch zu früh. Ich werde alles für mich behalten.
Wie sagt Mama doch: Lass uns im Verborgenen leben, um glücklich zu sein. Aber auch sie würde es nicht verstehen.
Wenn ich welche finden könnte, denen es ähnlich geht wie mir, könnten wir uns gegenseitig unterstützen ...

Aus meinem Tagebuch – 9. Dezember 1988

... Ich habe die Broschüre einer Superschule für Leute wie mich geschickt bekommen. Sie war direkt an mich adressiert. Ich habe keine Ahnung, woher die wussten, dass ich eine Superkraft habe. Sie schlagen mir ein Gespräch vor. Was habe ich denn zu verlieren, wenn ich hingehe? Ich muss nur einen Vorwand finden, damit meine Eltern mich hinbringen ...

Sun Wukong
der unschlagbare Superheld

Die Füße fest gegen eine Wolke gestemmt, raste Sun Wukong mit Höchstgeschwindigkeit auf das Flugzeug zu. Als er nur noch zehn Meter entfernt war, öffnete sich plötzlich eine Tür, und er sah, wie eine weißglühende junge Frau eine Feuerkugel gegen ihn schleuderte. Sie traf ihn wie ein Peitschhieb und stürzte ihn von seiner Wolke.
Die Luft zerrte an seinem Gesicht und riss ihm beinahe die Wangen ab, während er mit mehr als 500 Stundenkilometern dem Boden entgegenstürzte. Nur noch 5000 Meter, und er würde am Boden zerschmettert werden.

Er griff nach der winzigen vergoldeten Nadel, die sich hinter seinem Ohr befand. Mit der Kraft seiner Gedanken befahl er ihr zu wachsen, und die Nadel wurde immer länger und länger, bis sie schließlich den Boden berührte. Indem er sie wie beim Stabhochsprung benutzte, schwang Sun Wukong sich wieder zu dem Flugzeug hinauf.

Sobald er mit beiden Beinen fest auf dem Cockpit stand, riss er ein Stück der Flugzeug-Außenhaut heraus und drang unter dröhnendem Lachen in das Innere des Flugzeugs ein. Die Passagiere wurden durch den plötzlichen Unterdruck beinahe von ihren Sitzen gerissen und hingen schreiend in ihren Sicherheitsgurten. Vier von ihnen standen noch und hielten sich an den Gepäckkästen fest. Erschrocken drehten sie sich um. Unter ihnen erkannte Sun Wukong die junge Frau, die ihn angegriffen hatte. Ja, das waren die Terroristen! Seine Aufgabe war einfach: Er musste die vier neutralisieren, bevor sie das Flugzeug in den Fernsehturm von Shanghai rasen ließen. Sun Wukong mochte klein sein, doch er hatte die Kraft von zehn Männern. Vor allem aber war er nicht mehr grün hinter den Ohren. Da er schon vor Tausenden von Jahren geboren worden war, hatte er alle Zeit der Welt gehabt, seine Technik zu vervollkommnen. Außerdem machte es ihm Spaß zu kämpfen.

Mit einem Wasserstrahl, der sich sofort in Eis verwandelte, schloss einer der Terroristen das Loch in der Außenhaut. Ein zweiter schuf Platz, indem er mit der Rückseite seiner Hand die mittleren Sitzreihen samt den Passagieren darin beiseite wischte. Der dritte Terrorist, nämlich die junge Frau, wurde rot wie eine Sommertomate; ihr Körper strahlte immer mehr Hitze aus, und sie zielte erneut auf Sun Wukong, während der vierte Schurke, der bis an die Zähne bewaffnet war, das Feuer auf ihn eröffnete. Das war gute Teamarbeit, aber nicht gut genug, um ihn zu beeindrucken.

Auf seinen Affenschwanz gestützt, sprang Sun Wukong zur Decke und entging so den Geschossen. Dann machte es ein paarmal laut »blupp!«, und er duplizierte sich mehrfach. Schließlich standen fünf identische Sun Wukongs den Terroristen gegenüber, die sichtlich unruhig wurden. Und das war längst nicht alles, was Sun Wukong konnte. Der Superheld beherrschte fast zweiundsiebzig Verwandlungsarten. Nur am Schwanz, der immer an Ort und Stelle blieb, konnte man ihn noch erkennen.

Seine Klone rechneten nun mit den Terroristen ab. Sun Wukong Nr. 1 machte es sich auf einem Sitz bequem, um sich zu entspannen. Sun Wukong Nr. 2 verwandelte sich in einen Floh und biss den nervösen Kerl, der seinen Finger am Abzug hatte. Wegen des heftigen Juckreizes musste der die Waffe und seine übrige Kampfausstattung ablegen und stand bald, der Gnade des Superhelden ausgeliefert, in Unterhosen da. Sun Wukong Nr. 2 schlug ihn mit einem Uppercut K. o. Sun Wukong Nr. 3 wuchsen Hörner und statt Füßen Hufe. In der Gestalt eines Ziegenbocks sprang er gegen den Mann aus Eis, so dass dieser in tausend Scherben zerbrach. Nur zwei Schritte entfernt davon wurde die junge Frau mit dem feurigen Temperament von Sun Wukong Nr. 4 abgekühlt, der sich in ein Lama verwandelt hatte und ihr nun literweise Spucke ins Gesicht schleuderte. Und Sun Wukong Nr. 5 schließlich verwandelte sich in ein riesiges Kaugummi und wickelte »Mr. Muskelberg« so fest ein, dass er in wenigen Minuten erstickte.

Da die Sache mit den Superschurken jetzt geregelt war, öffnete Sun Wukong die Flugzeugtür und sprang auf eine Wolke, die er mit einem Pfiff herbeigerufen hatte wie ein treues Schlachtross. Das Flugzeug konnte nun wieder seinen alten Kurs aufnehmen, während Sun Wukongs Ohrpiepser ihn schon zu einem neuen Fall rief.

Das Superoutfit: mehr als ein Look – eine Waffe!

Das Outfit ist die un-ver-zicht-ba-re Ausstattung des Superhelden. Es ist jedoch mehr als Kleidung, die vor der Kälte, Hitze oder Feuchtigkeit schützt. Es kann unendlich viel mehr!

SUPERLOOK

DIE GESCHICHTE DES SUPEROUTFITS

Das Outfit trägt entscheidend zu deinem Image bei. Manche Superhelden wurden trotz ihrer Ruhmestaten wegen ihrer Kleidung nie ganz ernst genommen. Lächerlichkeit tötet!
Wenn du irgendwelche Zweifel hast, wende dich an einen Modedesigner oder einen Coach!

Vernachlässige nie dein Aussehen!

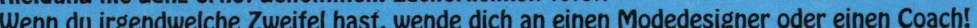

1930
Der elegante Stil

1940
Militär-Stil

1950
Burlesque-Stil

1960
Hippie-Stil

Nach vielen Jahren Forschung bietet ein Superheldenoutfit heute:

– Verstärkungen an allen vielstrapazierten Stellen
– Heilsalben
– Elemente für Muskelmassage
– eingebautes Satellitentelefon ...

Für den größtmöglichen Komfort während des Einsatzes.

UMHANG ODER NICHT?

49% der Superhelden sind der Ansicht, dass es kein gutes Outfit ohne Umhang gibt.

47% der Superhelden behaupten, dass der Umhang sie bei Kämpfen behindert.

4% äußern sich nicht.

Zu diesen Zahlen sagt Flybird:

»Ohne meinen Umhang gäbe es mich nicht mehr. Man hat mir immer erzählt, dass ein Umhang gefährlich ist, dass ein Superschurke einen daran festhalten kann, dass es sich in einem Gitter verfangen oder dass es in den Düsenmotor eines Flugzeugs gezogen werden kann.

Ich habe immer gefunden, dass ein Outfit mit einem Umhang eleganter ist. Deshalb habe ich trotz aller Warnungen stets am Umhang festgehalten.

Eines Tages, als ich zusammen mit Megaton unterwegs war, um in Mexiko den Schmuggel mit Fellen von Langhaar-Chihuahuas zu bekämpfen, bin ich dank des Umhangs aus einer gefährlichen Lage entkommen. Wir hatten diesen Fieslingen eine ordentliche Abreibung verpasst, als einer von ihnen ihre Geheimwaffe auffuhr: eine tödliche Superstrahlen-Kanone.

Ich bekam den geballten Strahl ab und wurde die Steilhänge der Sierra Madre hinabgeschleudert, mit einer Geschwindigkeit von mehr als 1000 Stundenkilometern.

Glücklicherweise konnte ich mit Hilfe meines Umhangs meinen Flug soweit verlangsamen, dass Megaton ihn in letzter Sekunde zu ergreifen vermochte. Er zog mich zu sich hinauf und verhinderte so, dass ich mir in den Schluchten des Gebirges alle Knochen brach.«

1970
Psychedelisch

1980
Barock-Stil

1990
Jeans-Stil

2000
Hightech-Stil

Achtung, ungeeignete Kleidung kann verheerende Folgen haben! Vermeide zu schrille, zu weite, zu enge und zu schwere Kleidung! Vermeide dadurch Unfälle!

WASP WOMAN

Wie gewöhnlich war der Cotton Club bis zum letzten Platz
gefüllt. Der wunderbare Swing der Sängerin hatte alle im Saal mit-
gerissen. Manche Gäste waren aus den entferntesten Gegenden des Landes
gekommen, um ihre Interpretationen von »Cry me a River« und »Summertime« zu
hören. Wenn sie sang, konnte sie ihren Kopf von den Dingen freimachen, die sie bedrückten.
Applaus und Lob waren ihr wichtiger als ihre Gage. Beides ermöglichte ihr die Erfüllung ihrer
Lebensaufgabe. Denn seit einer Reihe von Jahren tauschte die schöne Sängerin nach jeder Vorstellung
ihr Bühnengewand gegen ein schwarz-gelbes Outfit, um über den dunklen Ecken von Harlem zu wachen.

An diesem Abend weilte die Diva mit ihren Gedanken woanders. Der 12. Juni 1973 war ein trauriger Jahrestag, der
Tag, an dem sich der Todestag ihres Vaters jährte. An ihrem Fenster lauschte sie dem Gesang der Nacht.

Sie liebte Harlem. Hier war sie groß geworden. Sie liebte den Stadtteil trotz der Gewalt, die hier herrschte und trotz
der tiefverwuzelten rassistischen Intoleranz, deren Opfer ihr Vater geworden war, damals, als sie gerade fünfzehn war.
Seitdem musste sie diese Szene schmerzhaft immer wieder erleben, immer wieder dieselben Bilder, immer wieder diesen
kurzen Augenblick, an dem sie beim Verlassen eines Jazzklubs fünf jungen Männern begegnet waren, die sofort angefangen
hatten, ihren Vater zu beleidigen, nur weil er schwarz war, und ihre Mutter, die ihn begleitete, weil sie asiatisch aussah. Wieder
hörte sie, wie ihr Vater ihr zuschrie, sie solle fortlaufen. Wie versteinert hatte sie mit ihrer Mutter ansehen müssen, wie sie
ihn zusammenschlugen. Erst als ihr Vater regungslos am Boden lag, waren die Männer verschwunden. Aneinandergepresst
hatten sie sich ihm dann genähert. Er atmete noch. Ringsumher schlugen die Autotüren zu, die Blicke der Menschen wandten
sich ab. Mit letzter Anstrengung brachten sie ihn zum nächsten Krankenhaus. Doch dort wurden nur Weiße behandelt.

So blickte sie in dieser Nacht des 12. Juni ins Leere und hing ihren schmerzlichen Erinnerungen nach, als ein Schrei sie aus
ihrer Erstarrung weckte. Wasp Woman nahm ihren Verstand und ihre Superkräfte zusammen und teleportierte sich in einem
einzigen Augenblick an den Ort, wo eine Gewalttat drohte. Zwei junge Frauen, die sich an der Hand hielten, waren von fünf
hasserfüllten Männern umringt. Dieselbe Sorte. Als Wasp Woman ihren Angriff startete, zielte einer von ihnen mit einem
Messer gegen ihren Bauch. Das Messer zerbrach. Die Angst, die sie damals erfüllt hatte, kam nicht wieder. Schließlich war
sie heute eine mächtige Superheldin. Mit einem Handschlenker katapultierte sie den Mann zehn Meter weiter. Und als sie
sah, dass ein anderer eine Feuerwaffe zückte, ließ sie ihn ihren Stachel spüren. Dann drehte sie eine Pirouette und gab
einem dritten einen Fußstoß, nach dem er sich am Boden krümmte. Die beiden übrigen ergriffen die Flucht.
Die zwei Frauen waren so verblüfft, dass sie kein Wort des Dankes für diese unverhoffte Rettung über die Lippen
brachten. Wasp ihrerseits fühlte sich erleichtert. Wie gut war doch dieses eigenartige Gefühl, das von ihr Besitz
ergriffen hatte. Schließlich war es die Reaktion auf jenen schrecklichen Verlust gewesen, die sie dazu brachte, ihre Superkraft zu entdecken und entwicklen! Eine Kraft, von der sie glaubte, dass sie noch lange
von Nutzen sein könnte.

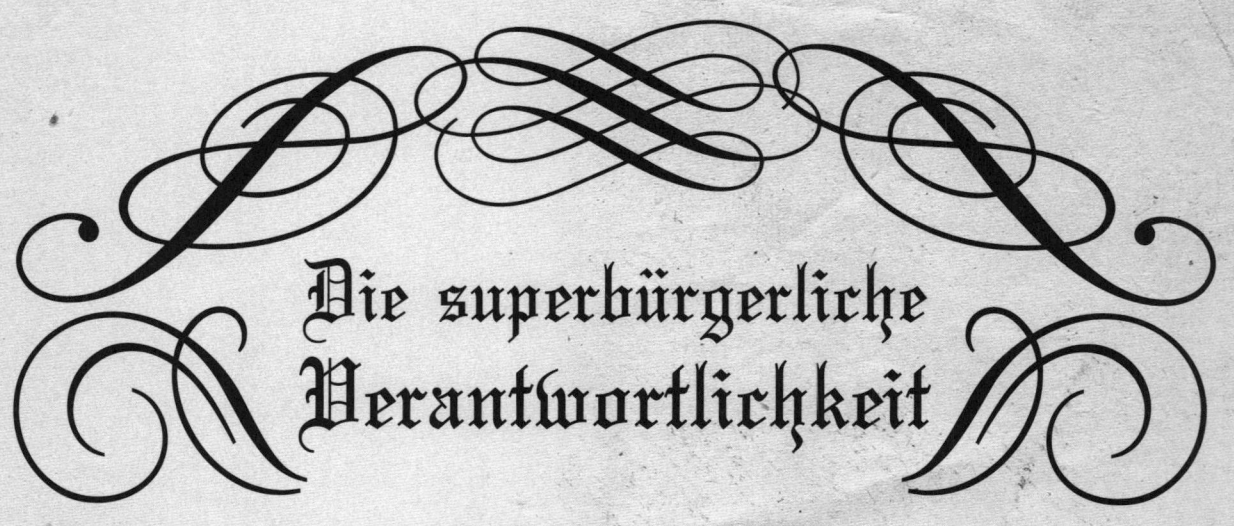

Die superbürgerliche Verantwortlichkeit

Jeder Superheld kann unwillentlich jemand anderem einen Schaden zufügen. Die im superbürgerlichen Gesetzbuch festgelegte Verantwortlichkeit bedeutet, dass er den verursachten Schaden wiedergutmachen muss.

Einige Auszüge aus dem Gesetzbuch:

§ 1382 des superbürgerlichen Gesetzbuchs:

Jede Handlung des Superhelden, welcher Art auch immer, die jemand anderen schädigt, verpflichtet ihn, wenn er damit einen Schaden verursacht hat, diesen wieder gutzumachen.

§ 1383 des superbürgerlichen Gesetzbuchs:

Jeder Superheld ist verantwortlich für den Schaden, den er nicht nur durch seine Handlungen, sondern auch durch seine Nachlässigkeit oder seine Unvernunft verursacht hat.

Die Rolle der Versicherungen für superbürgerliche Verantwortlichkeit und Superschäden besteht darin, dass sie bei der Entschädigung seiner Opfer für den Superhelden eintritt.
Wenn der Superheld nicht versichert ist, muss er das oder die Opfer selbst entschädigen.

„Es ist schwer, ein Omelett zu machen, ohne Eier zu zerschlagen!"

Das Eingreifen von Super-Rhino gegen die Gang der blutsaugerischen Zephalen hat zu großer Erregung geführt. Bei seiner Großtat hat der Superheld einen eingestürzten Wolkenkratzer, hunderte umgestürzte Autos, eine entgleiste U-Bahn und in zahlreichen Straßen aufgerissene Wasserleitungen hinterlassen. Den Versicherungen zufolge belaufen sich die Schäden auf insgesamt mehrere Milliarden Dollar. Der Bürgermeister hat erklärt, er habe Klage gegen den Superhelden erhoben, und verlangt von ihm, die Rechnung zu begleichen. Super-Rhino soll erwidert haben, er hoffe die Superbank zu finden, die ihm einen Kredit mit fünfhundertdreiundzwanzig Jahren Laufzeit gewährt, damit er die Summe aufbringen kann.

BAKU
GUT ODER BÖSE
MAN MUSS SICH ENTSCHEIDEN

Während ihre Mutter die Futons zurückschlug, blieb Ryoko in Seiza-Stellung auf der Tatami-Matte sitzen. Nachdenklich sah sie, wie das kleine Becken des Shishi-odoshi umkippte und sich leerte und dann von Neuem mit Wasser füllte. In dieser Nacht hatte sie eine Entscheidung getroffen, die ihr ganzes weiteres Leben bestimmen sollte.

Die zehnjährige Ryoko war wütend zu Bett gegangen. Und als sie ihren kleinen Bruder und ihre kleine Schwester neben sich atmen hörte, hatte sie sich noch mehr aufgeregt. Ja, sie hatte sie gehasst. Am liebsten wäre es ihr gewesen, wenn sie nie auf die Welt gekommen wären und sie selbst das einzige Kind ihrer Eltern geblieben wäre. Früher war ihr Leben doch so einfach gewesen, und jetzt war sie immer an allem schuld!

Und Ryoko wusste, dass sie die Superkraft besaß, das zu ändern. Schon vor einigen Monaten hatte sie entdeckt, dass sie sich in die Träume anderer einmischen konnte. Sie hatte das schon bei ihren Eltern, bei ihrer Schwester und ihrem Bruder und bei ihrer Freundin Setsuko gemacht. Sie konnte ihre Träume beeinflussen, sie süß und angenehm oder zu Albträumen machen. Das tat ihr gut, und morgens fühlte sie sich jedes Mal stärker. Vor langer Zeit hatte ihr Vater ihr einmal erklärt, dass Träume die Menschen in den Wahnsinn treiben, ja, sogar töten konnten.
In dieser Nacht hatte Ryoko einen Traum erzeugt, in dem ihre Schwester und ihr Bruder vereint waren. Hand in Hand waren sie auf eine grüne Wiese getreten. Um sie herum ästen friedlich Rehkitze und hoben von Zeit zu Zeit den Kopf, eine leichte Brise streichelte die Haare der Geschwister, es war warm, und die Sonne liebkoste ihre Gesichter. Der Himmel war wolkenlos. Da trat Ryoko zu ihnen, und die Kleinen lächelten sie an. Alles war scheinbar so friedlich! Sie waren zu einer Mühle gegangen, deren Rad von einem Bach getrieben wurde. »Mama ist da drinnen«, hatte die große Schwester ihnen zugeflüstert. Aber Ryoko wusste, dass das nicht wahr war. Sie hatte sich das ausgedacht. In Wahrheit war die Mühle der Eingang zur Finsternis, ein so tiefer Albtraum, dass niemand ihm je entkommen konnte. »Sobald ich die Tür aufgemacht habe, werft ihr euch Mama in die Arme!«, hatte sie dann gesagt, und die Kinder hatten genickt.

Die Schwelle zur Mühle hatte verdächtig unter ihren Füßen geknackt. Ryoko hatte ihren Bruder betrachtet, der sich an sie schmiegte. Neugierig hatte ihre Schwester sich auf die Zehenspitzen gestellt und durch das Fenster ins Innere geschaut. Dort war es finster. Die beiden Kinder waren ängstlich geworden und hatten nicht mehr hinein wollen. Ryokos Herz hatte heftig geklopft, und ihr Magen hatte sich verkrampft. Mit zitternder Hand hatte sie die Klinke gedrückt. Die Tür war aufgesprungen. Die Kitze waren geflohen, und die sanfte Brise war einem dröhnenden Sturm gewichen. Ryoko hatte die feuchte Wange ihrer Schwester gestreichelt und ihren Bruder auf die Stirn geküsst. Dann hatte sie beide bei der Schulter gefasst und ihnen gesagt, sie sollten in die Mühle treten. Die Luft wurde ins Innere hineingesogen. Ryoko hatte geweint, wie ihre Geschwister. Sie hatten immer noch gezögert ... da hatte sie sie hineingestoßen.

Als sie aufgewacht war und gesehen hatte, wie die Kleinen friedlich träumten, war Ryoko glücklich gewesen über die Entscheidung, die sie getroffen hatte. Im Traum hatte sie sich nämlich im letzten Augenblick eines anderen besonnen und den Boden der Mühle in ein großes Kissen aus Jasminblüten verwandelt und sich auch darauf geworfen. Zu dritt hatten sie den süßen Duft genossen und wie verrückt gelacht vor Erleichterung.

Seit dieser Nacht wusste Ryoko, was der Sinn ihres Lebens sein würde. Sie wurde eine bekannte Traumtherapeutin, die am Tage praktizierte, aber des Nachts war sie die Superheldin Baku. Sie flog von Traum zu Albtraum, vernichtete die schrecklichsten Traumbilder, zerstreute ihre üblen Vorzeichen und rettete den Schlafenden die Nächte.

SUPERSCHURKEN

Du musst wissen, wer dein Feind ist: der Superschurke

Er ist per definitionem der Anti-Superheld. Er nutzt Superkräfte für seine eigenen üblen Ziele.
Auch wenn manche sich damit begnügen, Unfälle zu provozieren, sind die meisten machthungrig und wollen die Weltherrschaft erringen. Sie sind alle bekannt; umso wichtiger ist es, dass du dich darauf vorbereitest, ihre Schläge einzustecken und sie ihnen heimzuzahlen.
Wie erkennt man einen Superschurken?
Das ist schwierig. Er kann sich hinter einem ganz sympathischen Gesicht verbergen. Nur durch seine Handlungen entlarvt er sich als das, was er ist.

SUPER SCHURKEN

BARON BARYTON

TATSÄCHLICHE IDENTITÄT:
Unbekannt

SUPERKRÄFTE:
Besitzt superentwickelte Stimmbänder, die Schallwellen produzieren können, mit deren Hilfe er den härtesten Beton zerbröseln und jede Art Glas zersplittern lassen kann.

AUF DEM KERBHOLZ:
23 gelungene Überfälle mit einer Gesamtbeute von 1,34 Milliarden Euro. Sitzt zur Zeit in einer Klangzelle in Bang Bang ein.

MANTA

TATSÄCHLICHE IDENTITÄT:
Unbekannt

SUPERKRÄFTE:
Besitzt zugespitzte Unterarme, die in rasiermesserscharfen Klingen enden, und eine außergewöhnliche Sehkraft.

AUF DEM KERBHOLZ:
Vermutlich 33 Auftragsmorde. Zur Zeit abgetaucht.

SPONGE

TATSÄCHLICHE IDENTITÄT:
Unbekannt

SUPERKRÄFTE:
Beraubt Superhelden bei direktem Kontakt ihrer Superkräfte.

AUF DEM KERBHOLZ:
Hat bereits 13 Superhelden ausgeschaltet.
Gehört zur B.A.S.E.–Gruppe.

Auch manche Superschurken organisieren sich in Teams, um eine noch schrecklichere Wirksamkeit zu entfalten. Manche sind traurige Berühmtheiten.

Die B.A.S.E.–Gruppe beispielsweise rekrutiert und indoktriniert ganz junge Menschen, deren Superkräfte noch nicht entwickelt sind und die noch Angst haben. Ihr Ziel ist die Weltherrschaft.

Eine andere berüchtigte Gruppe ist die Dollar-Akademie, die aus sorgfältig ausgewählten Söldner-Superschurken besteht. Sie ködert ihre Opfer mit der Aussicht auf Gewinne, was zum Zusammenbruch ganzer Staaten führen kann. Sie vergibt ihre Dienste an den Meistbietenden.

ATOMOR

ZOO

BANG BANG

TATSÄCHLICHE IDENTITÄT:
Unbekannt

SUPERKRÄFTE:
Kontrolliert Atome und setzt sie neu zusammen, wie er will.

AUF DEM KERBHOLZ:
3 von der Landkarte radierte Städte, zerstörtes Militärmaterial (Flugzeuge, U-Boote, Schlachtschiffe) im Wert von 100 Milliarden Euro.
Zur Zeit nicht auf der Erde.

TATSÄCHLICHE IDENTITÄT:
Unbekannt

SUPERKRÄFTE:
Kann sich in jedes Tier verwandeln (animalischer Polymorphismus).

AUF DEM KERBHOLZ:
55 barbarische Morde.
Gegenwärtig in einem hermetisch geschlossenen Käfig in Bang Bang eingesperrt.

Manche Superschurken sind so mächtig, dass die Regierungen 1967 übereingekommen sind, ein Gefängnis zu bauen, das es mit ihnen aufnehmen kann. Jede Zelle ist so ausgerüstet, dass sie die jeweiligen Superkräfte der Gefangenen neutralisiert.

Bang Bang gilt als absolut sicher. Bisher ist noch kein Superschurke aus dem Gefängnis entkommen. Niemand weiß, wo es sich befindet

Baron Baryton

Ich war noch beinahe ein Kind, als ich zum ersten Mal Auge in Auge dem Jungen gegenüberstand, aus dem einmal Baron Baryton werden sollte.

Jules, so sein Vorname, war der Schrecken der Schule, einer, dem alle, auch die Mutigsten, aus dem Weg gingen. Und das, obwohl er nicht größer oder kräftiger als die anderen war, denn dem, der mit ihm aneinandergeraten war, ging es danach gar nicht gut.
Damals hatte ich keinen Schimmer von Superkräften und konnte mir nur vorstellen, dass es seine Fäuste waren, die solch einen Schrecken verbreiteten. Doch das war weit entfernt von der Wahrheit! Diese erfuhr ich an dem Tag, als er sich mit mir befasste.

Als ich einmal ziemlich spät vom Volleyball-Training kam (ich war sehr gut in diesem Sport, vermutlich dank meiner eigenen Superkräfte, die allmählich zutage traten), begegnete ich Jules, der gerade aus einer Sackgasse kam. Er blickte mit gierigen Blicken nach unten auf seine Hände und zählte ein paar Münzen, die er darin hielt. Nervös geworden, machte ich einen großen Bogen um ihn, doch aus Versehen stieß ich mit dem Fuß gegen eine Limonadendose, und die rollte und rollte, bis vor die Füße dieses leibhaftigen Teufels. Als Jules den Kopf hob, verfluchte ich den Volltrottel, der die Dose dort hatte liegenlassen. Noch bevor meine Beine sich zu bewegen begannen, spürte ich seinen stinkenden Atem im Nacken. Ich konnte nicht einmal mehr um Hilfe rufen, da war er schon neben mir. Da ich einen trockenen Uppercut erwartete, brachte ich meine Fäuste in Abwehrhaltung. Doch der Angriff kam … aus seinem Mund. Jules stieß einen so durchdringenden Schrei aus, dass ich sofort zu Boden ging und bewusstlos liegenblieb.
Als ich aufwachte, waren meine Taschen ebenso leer wie die Straße. Nur am Ende der Sackgasse erblickte ich eine wankende Gestalt. Kurz vor mir war einer meiner Schulkameraden zum Opfer der Superstimmbänder geworden. Ihn hatte es schlimmer erwischt als mich. Er war noch immer ganz benommen, und ich brachte ihn nach Hause. Ich versprach ihm, Jules nicht mehr aus den Augen zu lassen.

Nachdem ich diesen Beschluss gefasst hatte, war auch klar, was meine Ausrüstung sein würde. Mit einem Paar Ohrstöpseln ausgestattet, begann ich, ihm Tag und Nacht zu folgen, in sicherem Abstand. Und es warteten noch weitere Überraschungen auf mich!
Tagsüber machte Jules weiter mit seinen niederträchtigen Überfällen, am Abend aber betrat er ein heruntergekommenes Haus, in dem er mit seiner Mutter lebte. In einer Hecke versteckt, beobachtete ich sie durch ein Fenster: Abend für Abend schrie sie ihn an, während er stumm blieb.

Doch eines Tages hatte er von dem Gezanke genug. Ich hörte, wie er so kreischte, dass die Callas vor Neid erblasst wäre, wenn sie es gehört hätte. Die Fenster und die Tür zersplitterten, und er verschwand in der Nacht. Er war nun frei und seiner Fähigkeiten gewiss. Und so legte er einen Gang zu. Ich konnte beobachten, wie er in Häuser einbrach und mit den Taschen voller Geld und Schmuck herauskam. Das war der Beginn seiner Karriere als Superschurke.
Besorgt wegen der Unsicherheit, die auf den Straßen herrschte, stellten meine Eltern mich unter Hausarrest. Da ich Jules nicht mehr folgen konnte, begann ich, in den Zeitungen über ihn zu lesen. Er bezeichnete sich jetzt als Baron Baryton und trug zu jeder Zeit ein rot-goldenes Outfit. Seine Stimmbänder, die immer noch kräftiger wurden, überwanden inzwischen die solidesten Mauern. Ebensowenig widerstand ihm die Panzerung der Geldtransporter, und Bankschließfächer öffnete er, wie andere ein Ei aufschlagen.

Bald verließ er unsere Stadt und begab sich in die Metropolen, wo es mehr zu holen gab. Nie änderte er seine Vorgehensweise: Er drang in die Tresorräume ein, bediente sich und legte danach die ganze Stadt mit einem schrecklichen langen Schrei lahm. Der Polizeifunk war unterbrochen, die Autofahrer wussten nicht mehr, was sie tun sollten und blockierten die Straßen, und Hubschrauber durften aus Sicherheitsgründen nicht aufsteigen. Also konnte der Baron in aller Ruhe verschwinden.
Als ich endlich soweit war, mich mit ihm messen zu können, habe ich ihn festgesetzt. Er bewohnt jetzt eine für ihn maßgeschneiderte Klangzelle in Bang Bang.

SUPER-INHALTSVERZEICHNIS

Um dir zu helfen, das Thema, das dich interessiert, superschnell zu finden, steht hier das Superinhaltsverzeichnis dieses Buchs.

SUPER-NAMENSREGISTER

Du schwärmst für einen Superhelden? Dieses Register wird dich zu ihm teleportieren!

Für alle großen und kleinen Helden und für alle, die einmal unterdrückt waren.

Für meine persönlichen Helden, die mir jeden Tag helfen.

Für Olivier & Laurent Souillé, zwei Superhelden, die noch nie aufgegeben haben.

Und schließlich für Marion Jablonski & Françoise Mateu, zwei Superheldinnen, ohne die dieses verrückte Projekt niemals realisiert worden wäre.

Benjamin Lacombe

Für meinen Bruder Olivier. In diesem Buch findest du vielleicht einige der Superhelden wieder, die wir uns ausgedacht haben, als wir noch Kinder waren.

Für den Superhelden, der in uns allen schlummert.

Danke, Benjamin, dass du mich bei diesem Superabenteuer begleitet hast. Ohne dich wäre dies Buch nicht entstanden …

Sébastien Perez

Idee und graphische Realisierung: Benjamin Lacombe
Verlegerische Verantwortung: Françoise Mateu und Marion Jablonski
Dieses Buch ist zuerst 2014 unter dem Titel *Les Superhéros détestent les artichauts* erschienen.
© 2014, Albin Michel Jeunesse, Paris

Für die deutsche Ausgabe:
© 2015, Verlagshaus Jacoby & Stuart GmbH, Berlin
Aus dem Französischen von Edmund Jacoby
Alle Rechte vorbehalten
Druck und Bindung: Toppan Leefung
Printed in China
ISBN 978-3-942787-65-9
www.jacobystuart.de
Unsere Trailer auf www.youtube.com/jacobystuart